KARL MAYS AUGSBURGER VORTRAG

– 8. Dezember 1909 –

SITARA

DAS LAND DER MENSCHHEITSSEELE
(ein orientalisches Märchen)

EINE DOKUMENTATION
FÜR DIE KARL-MAY-FORSCHUNG

HERAUSGEGEBEN
von
ROLAND SCHMID

KARL-MAY-VERLAG BAMBERG
1989

INHALT

Die vier Briefe von Karl May an Dr. Hans Rost, die auf den Seiten 9–12 und 15–20 in Originalgröße wiedergegeben werden, stellte dessen Sohn Adalbert Rost, Baierbrunn, freundlicherweise für diesen Abdruck zur Verfügung. Alle weiteren Materialien entstammen dem Archiv des Karl-May-Verlags, Bamberg. Die Handschrift auf den Seiten 23–40 wurde auf 72%, die Handschrift auf den Seiten 52–57 auf 85% verkleinert, genauso wie die letzte Notiz von S. 50 und die erste von S. 51. Die weiteren Aufzeichnungen Karl Mays auf den Seiten 50/51 zeigen die Originalgröße, das gleiche gilt für die beiden Seiten des „Programms" für Karl Mays Augsburger Vortrag, mit denen Vorder- und Rückseite des Umschlags der vorliegenden Schrift ausgestattet wurden (das Originalblatt besteht aus vier Seiten, von denen die zweite und die vierte unbedruckt blieben; es diente diesem Heft als Format-Vorlage).

ISBN 3-7802 0389-8

Gesamtherstellung: SOV Graphische Betriebe, Bamberg

Karl Mays Augsburger Vortrag

Vom 7. bis zum 9. Dezember 1909 weilte Karl May in Augsburg, um dort am Abend des 8. Dezember auf Einladung des Vereins „Laetitia" (latein.: „Freude", „Fröhlichkeit") einen Vortrag zu halten unter dem Titel *Sitara, das Land der Menschheitsseele. Ein orientalisches Märchen.*" Dieses selbstgewählte Thema ist charakteristisch für die Gesamtthematik seines Alterswerkes und reicht in die Gedankenwelt der inneren Vorgänge von „Am Jenseits" (1898/99) sowie „Und Friede auf Erden" (1901–1903/04) und „Im Reiche des silbernen Löwen III/IV" (1902/03) zurück, bezieht sich vor allem aber auf sein Drama „Babel und Bibel" (1906) und auf das Spätwerk „Ardistan und Dschinnistan" (1907–09). „Engel" und „Schutzengel" werden in Mays Werken schon sehr frühzeitig erwähnt, etwa in den Reiseerzählungen aus den 80er Jahren. Ihre individuelle Personifizierung aber – zum Beispiel in der Gestalt des Ben Nur in Bd. 25 – ist genauso neu wie wenige Jahre später die „Geisterschmiede" im „Walde von Kulub" und der Stern „Sitara" mit den Bereichen „Ardistan", „Märdistan", „Dschinnistan". Und ständig bleibt Mays Schilderung dieser Begriffe im Fließen, bis am Anfang seiner Selbstbiographie „Mein Leben und Streben" (1910) „Das Märchen von Sitara" als Einleitungskapitel die letzte und insoweit die gültige Form der Aussage erreicht. So betrachtet, ist Mays Augsburger Vortrag ein bedeutsames Verbindungsglied im Rahmen des Spätwerks. Ob der Dichter allerdings bei dessen Konzipierung bereits die Einbringung in seine Lebensbeschreibung im Auge hatte, muß dahingestellt bleiben, wiewohl Passagen persönlicher, Vorfahren-bezogener Art darauf schließen lassen können. Zwischen der Vorbereitung des „Sitara"-Vortrags (Ende 1909) und dem Beginn der Selbstbiographie (Mitte 1910) liegen nur wenige Monate.

Wichtigster Vermittler für Mays „Sitara"-Vortrag war ein Mann, der seit 1906 im Augsburger Verlag von Haas & Grabherr tätig war als Redakteur und literarischer Mitarbeiter bei der „Augsburger Postzeitung" – einem der ältesten deutschen Tageblätter (gegründet 1686), dessen traditionsreiche Geschichte im Jahre 1935 ein gewaltsames Ende fand, weil den damals Herrschenden das katholische Tageblatt nicht genehm war.

Dr. Hans Rost wurde am 25. Juni 1877 in Bamberg geboren und verstarb hochbetagt am 18. April 1970 in Westheim bei Augsburg, seiner zweiten Heimat. Als 47jähriger veröffentlichte er ein sehr persönlich gehaltenes Buch mit dem Titel **„Aus der Jugendzeit. Erinnerungen eines Bambergers"** (Selbstverlag: Westheim b. Augsburg 1924), dem er als Motto ein Wort von Jean Paul voranstellte: „Die Erinnerung ist das einzige Paradies, aus dem wir nicht vertrieben werden können. Ein gehabtes Glück ist ein ewiger Besitz." Im vorletzten der insgesamt 10 Kapitel, welches sich über die Seiten 73–91 erstreckt und die Überschrift „Münnerstadt" trägt, schildert er die Umstände, unter denen er als Gymnasiast in dieses kleine unterfränkische Städtchen nördlich von Bad Kissingen gelangte, wo er 1897 die Reifeprüfung ablegte, um anschließend sein Studium an der Universität Würzburg zu beginnen. Dabei kommt er auf Lesestoff zu sprechen und wartet dann – S. 88 ff. – urplötzlich auf mit einer Erinnerung ganz besonderer Art.

In diese Zeit fällt auch die K a r l M a y b e g e i s t e r u n g, die wir aus den Romanen im Deutschen Hausschatz und aus seinen Büchern in uns eingesogen haben. Auf unseren Spaziergängen hatten wir bald die Rollen verteilt. Ich wurde der Hadschi H a l e f, weil ich klein war wie der berühmte Karl Mayheld, und eben so viele Haare um Lippen und Kinn sich zeigten. In diese köstlichen Karl Mayphantasien und -Abenteuer hatten wir uns mit Eifer und Wonne eingesponnen, mehr vielleicht als die „Pädagogik" das vertrug. Denn es war gewiß gegen alle erzieherische Weisheit, wenn die Seminarschüler um 9 Uhr zu Bette gingen und um halb 10 Uhr dem Präfekten eine Nase drehten, das Licht anzündeten und bis zum Morgengrauen Karl May lasen, oder wenn wir Kopfweh vorschützten, die Klasse schwenzten und Karl May verschlangen. Durchgebrannt ist keiner von uns, aber die Wege und Schluchten unserer Spaziergänge verwandelten wir in indianische Jagdgründe und spielten Winnetou und andere Helden der Karl Maygalerie. Das waren Erlebnisse, die die Münnerstädter Romantik auch noch mit orientalischen und indianischen Bildern ausfüllten. Wie glühten wir nach den neuesten Hausschatzheften, die neuen Lesestoff von Karl May brachten; welch ein Nimbus aus Wahrheit und Dichtung bildete sich in unserer Vorstellung über Persönlichkeit und Lebenswerk Karl Mays.

Wie konnte der Halef der Münnerstädter Pennälerzeit damals ahnen, daß er den Halbgott Karl May noch einmal persönlich kennen lernen sollte! Es war im Jahre 1910.* Der verstorbene Chefredakteur Jakob S e i w e r t, der in der Augsburger Postzeitung lange Jahre hindurch für den angegriffenen und verleumdeten Karl May Lanzen der Verteidigung brach, und meine Wenigkeit saßen auf der Redaktionsstube, als mit einem Male der berühmte Karl May mit seiner Gattin vor uns steht und seine „beiden lieben Freunde", wie er uns nannte, nahezu buchstäblich in die Arme schloß. Das kam alles so überraschend und wirkte anfangs fast lähmend. Denn die Vorstellung von diesem Manne mit seiner fabelhaften Phantasieglut und die Erinnerung an die vielen reizvollen Stunden, in denen wir seine Romane lasen und spielten, hatten in mir doch einen ganz gewaltigen Respekt erzeugt und es dauerte lange bis sich die ganz naturgemäße Befangenheit verlor. Ich saß dann mit dem Ehepaar May in der altberühmten Weingaststätte, in der „W e i b e r s c h u l e" zu Augsburg zusammen und Karl May erzählte aus seinem Leben und von seinen Schicksalen und äußerte seine große Freude, daß ihn die Augsburger Postzeitung so treu und wacker verteidigte. Die Postzeitung hatte außer der Tagespolemik gegen Karl May auch seine literarische Bedeutung öfters gewürdigt, und zwar aus der Feder unseres Bamberger Landsmannes Dr. Lorenz K r a p p, für den die Karl Mayromane auch zu den Freuden seiner Jugend zählten. Karl May selbst trank bei dieser unvergeßlichen Sitzung keinen Tropfen Weins, während er für mich eine Sorte auffahren ließ, die so ein armer Zeitungsschreiber seine Lebtag nicht mehr zu trinken kriegt. Da dachte ich an meine glücklichen Münnerstädter Karl Mayzeiten und mußte immer wieder den Mann mit der schönen Stirne, den starken Augenbrauen, der glatten Haarmähne, den etwas unruhigen Augen und mit der gütigen Stimme anschauen. Er erzählte, wie Erzieher und Eltern ihn in Briefen mit Dank überhäuften, daß er eine von jeder Erotik freie und fesselnde Lektüre geschrieben habe, die so viele verschlafene gleichgültige Jungens aufrüttelt, und daß namentlich schlichte Leute aus dem Volke ihm danken für die Entführung aus ihrem Daseinsmechanismus in das Reich der Abenteuer und Phantasien. Wenn Jungens nach Amerika durch-

---

* Ein Erinnerungs-Irrtum; die erste Begegnung erfolgte bereits 1907, vgl. Brief v. 23. X. 1907 (Anm. d. Hg.)

brennen wollen, so sind daran weniger seine Romane wie die häusliche Erziehung und Aufsicht schuld. Ich mußte ihm in allem Recht geben. Ich halte nach wie vor trotz der wütenden Angriffe mancher Pädagogen die Karl Mayromane für eine ausgezeichnete Jugend- und Volkslektüre und muß schon sagen, daß mir ein junger Mensch leid tut, wenn er so abgestumpft ist, daß er an diesen fesselnden Geschichten keinen Geschmack gewinnen kann. Die Erzählungen sind gerade wegen ihres Freiseins von Erotik, wegen ihrer erstaunlichen geographischen und sprachlichen Kenntnisse und ihres feinfühligen Gehalts an Menschengüte und Menschenliebe durchaus geeignet als Jugendlektüre.

Man hat dem alten Mann bitter Unrecht getan durch die Aufrollung seiner Jugendfehltritte. Wo in aller Welt stößt man einen Menschen von sich, der aus dem Dickicht seiner Schwächen und Fehler sich zu freien reinen Höhen menschlicher Güte und liebevollen Verstehens innerlich seelisch emporarbeitet? Und waren und sind nicht die Karl Mayromane ein sehr erwünschter Ersatz im Kampf gegen die berüchtigten Indianerbüchlein, zu denen die Jugend so gerne greift? Und wer könnte noch in diesen glühenden Farben malen und in einer so anschaulichen und schlichten Sprache erzählen? Ich will das Karl Mayproblem hier nicht aufrollen. Dank der rührigen und umsichtigen langjährigen Verteidigung des Karl Mayverlegers Dr. Euchar S c h m i d ist heute der Kampf verstummt und die Ehrenrettung Karl Mays vollzogen. Eines freut mich noch, daß Karl May damals auf Anregung der „Augsburger Postzeitung" und durch Einladung des katholischen Kaufmännischen Vereins „Lätitia" vor einer riesigen Zuhörermenge im Schießgrabensaale sein Leben und seine Gedanken vortragen und einen wohlverdienten einzigartigen Triumph feiern konnte.

Karl May kam unter anderen Gesprächsstoffen auch auf die Katholische Kirche zu sprechen und rühmte deren Gemütsreichtum und Organisation, wovon er selbst ein hübsches Stück in der Welt gesehen habe. Er fügte bei, er wäre bei seinen k a t h o l i s i e r e n d e n N e i g u n g e n zur katholischen Kirche übergetreten, wenn nicht die Herren Cardauns und Pöllmann gegen ihn eine so unedle Fehde entfacht hätten. Auch auf die vielerörterte Frage kam er zu sprechen, daß es natürlich ein Unsinn sei zu glauben, daß er alle die Abenteuer in seinen Romanen persönlich erlebt hätte, daß es aber ein noch größerer Unsinn sei, zu glauben, er sei in seinem Leben über Dresden-Radebeul nicht hinausgekommen. Diese denkwürdige Sitzung in der Weiberschule zu Augsburg schloß mit der Bitte, ich möchte doch ja niemand etwas von seiner Anwesenheit in Augsburg wissen lassen, weil er sich sonst des Zudrangs am Bahnhof kaum erwehren könne. Aber schon zupfte mich der Wirt der Weiberschule, Herr Lamberger am Rockzipfel und fragte leise flüsternd und voller Erregung, ob das nicht der Karl May wäre. Und auf der Straße drehte sich da und dort einer um und flüsterte: das ist der Karl May! Der Mann war eben schon zu bekannt. Doch die Abreise ging leicht von statten. Ich war um ein bedeutendes Erlebnis reicher geworden. Wir tauschten auch noch öfters Briefe und Karten aus und meine Autographensammlung ist um die Karl Mayschen Bestände sehr vorteilhaft bereichert worden. Auch den Originaltext von Winnetou Band 4 hat er mir zum Geschenk gemacht, nachdem er in der Unterhaltungsbeilage zur „Augsburger Postzeitung" seinen Abdruck gefunden hatte. So hatte der einstige Münnerstädter Pennälerhalef dem Herrn und Meister Kara Ben Nemsi Aug in Aug und Hand in Hand gegenüber gesessen und er möchte diese Begegnung in seinen Lebenserinnerungen nicht vermissen.

Nun aber schnell wieder nach Münnerstadt zurück! (. . .)

Briefwechsel zwischen Hans Rost und Karl May

Korrespondenz gab es bereits seit 1906. Eine erste Begegnung beider erfolgte im Oktober 1907 in Augsburg, als May überraschend dort erschien. Während der Rückkehr von seiner Amerikareise schrieb May aus England an Jakob Seiwert, den Chefredakteur der „Augsburger Postzeitung", der seit Mitte 1907 ebenfalls zu seinen Briefpartnern gehörte, daß er sein geplantes Buch „Winnetou IV" – den späteren Band 33 der „Gesammelten Werke" – dem Augsburger Blatt kostenlos zum Vorabdruck anbiete, was seitens des Verlages der „Augsburger Postzeitung", der Firma Haas & Grabherr, zu Weihnachten 1908 geradezu enthusiastisch akzeptiert wurde.

Redaktion
der
Liter. Beilage zur „Augsb. Postzeitung".
—✧—

AUGSBURG, den 7. Dez. 06.

Sehr geehrter Herr!

Ich sage Ihnen meinen verbindlichsten Dank für die liebenswürdige Widmung Ihres Buches „Babel und Bibel". Ich habe Ihre Zusendungen samt der mir von anderwärts zugeschickten Zeitschriften, Notizen, welche über Sie handeln, meinem Freunde Lorenz Krapp, Rechtspraktikant in Bamberg, Bleichanger 5 übermittelt. Die ruhige, sachliche und wahrhaftige Art der Beurteilung Ihrer Fehsenfeld'schen Werke durch Krapp hat allerseits Zustimmung gefunden.

Ich selbst habe mehrere Ihrer Werke, so Winnetou als Gymnasiast gelesen und zehre heute noch an der Erinnerung der damaligen phantasieerfüllten glücklichen Zeiten. Ich werde mir gelegentlich den Besitz Ihrer Romane zu verschaffen suchen, da ich für meinen derzeitigen Beruf mir gar keine angenehmere Abspannung denken kann, als ein Sichverlieren in Ihre Länder- und Völkerromane.

Sollte sich im Anschluß an Krapps Abhandlung eine Prozeßfehde entspinnen, so werde ich Ihnen Mitteilung zukommen lassen.

Ergebenst

Dr. Hans Rost
Augsburg.

VILLA SHATTERHAND *d. 8./12. 06.*
RADEBEUL-DRESDEN.

Sehr geehrter Herr Redacteur!

Nehmen Sie verbindlichsten Dank für Ihre freundliche Zuschrift. Ich werde dafür sorgen, daß Ihnen von meinen „Reiseerzählungen so viel Bände zugehen, wie am Lager sind.

Die beiden Artikel sind <u>ausgezeichnet</u>, vom Standpunkte aus, den Herr Dr. Krapp gegenwärtig zur Sache einnimmt. Er wird bald mehr über mich und über das „Problem Karl May" erfahren, dessen eigentlichen Kern, den Münchmeyerschwindel unter der Firma Mamroth-Cardauns er noch gar nicht zu kennen scheint. Sollte sich eine Prozeßfehde entspinnen, so würden Sie mich durch rechtzeitige Benachrichtigung ungemein verbinden.

In aufrichtiger Hochachtung bin ich, sehr geehrter Herr Doctor,

Ihr

Ihnen dankbar ergebener

Karl May.

d. 8./12. 6.

Sehr geehrter Herr Redakteur!

Nehmen Sie verbindlichsten Dank für Ihre freundliche Zuschrift. Ich werde dafür sorgen, daß Ihnen den neuen „Reich" vorzüglichen so viel Bande zugehen, wie vorräthig sind.

Die beiden Artikel sind <u>nur</u> gezeichnet, vom Standpunkte aus, den Herr Dr. Kunze gegenwärtig zur Sache einnimmt. Er wird bald mehr über mich und über das „Problem Karl May" veröffentlichen, dessen eigentlichen Kern, den Münchmeyer Schwindel unter der neuen Mamroth= Leutwein'schen noch gar nicht zu kennen scheint. Sollten Sie eine Kunstgeschichte nachzunehmen, so würden Sie mich durch nachträgliche Benachrichtigung aufs neue der ...

9

-binden.

In aufrichtiger Hochachtung bin Ich, sehr geehrter Herr Doctor,

Ihr Ihnen

dankbar ergebener

Karl May.

VILLA SHATTERHAND
RADEBEUL-DRESDEN. d. 21/10. 7.

Hochgeehrter Herr Doctor!

Nun komme ich endlich doch, wenn auch sehr spät! Der letzte Kampf nahm meine ganze Zeit in Anspruch. Es galt, den Feind derart einzutreiben, daß er heraus müßte mit der Wahrheit. Nun ist sie heraus, endlich, endlich, Gott sei Dank! Wer nun zu den Dummen gehört, „die nicht alle werden" (Siehe „[illegible]"

theatralisch-politischen Blätter"), ob
Herr Lindemund oder die Herren
Redakteure, die sich nicht von ihm
versichern ließen, obgleich er das
von ihnen fordert, darüber ist ein
Zweifel wohl nicht möglich

Meiner Veröffentlichung im
Börsenblatt, die nächster Tage erfolgen wird, kann er nicht entgehen, denn die Welt muß nun doch
das einmal erfahren, wenn sich
mit dem „einzigen, großen
Schwindel" befaßte, er oder ich!

Mein „Hänsle" und ich, wir gedenken mit Dankbarkeit der
Stunden, die wir in Augsburg
mit Ihnen u. Ih. und Frau
Schwiegertochter verbracht haben,
hm. Es war ein goldiger, lieber,
schöner Tag. Endlich einmal wahr
und edel denkende, tüchtige Menschen
nach so langem Warten im Schmutze
der Unzuverlässigkeit! Viele, viele
bei mir einlaufende Briefe zei-

[handwritten]

[...] mit [...] Freundschaft in Liebe
und Achtung Ihrer Leser gehalten
worden ist.

Mit herzlichem Gruß, auch
von meiner Frau,

Ihr

alter,

dankbarer

Karl May.

Redaktion
der
Liter. Beilage zur „Augsb. Postzeitung".
—⊕—

AUGSBURG, den 8. Januar 1907

Sehr geehrter Herr!

Der Aufsatz des Herrn Krapp in der Beilage hatte eine Entgegnung des Schriftstellers Dr. Max Ettlinger zur Folge. Ich übersende Ihnen beiliegend diese Nummer. Wie ich zu Weihnachten von meinem Freunde Krapp erfuhr, gedenkt er seiner demnächst erscheinenden Sammlung von Aufsätzen einen ausführlichen Aufsatz über „Das Problem Karl May" einzufügen. Ich gebe mich der angenehmen Erwartung hin, daß der Aufsatz ein objektives gerechtes Bild der ganzen Angelegenheit darstellen wird.

Sie hatten die überaus große Liebenswürdigkeit, mir Ihre sämtlichen Fehsenfeld'schen Romane zusenden zu lassen. Ich war von einer solchen liebenswürdigen Freigebigkeit einfach überrascht und zugleich hocherfreut. Empfangen Sie meinen allerverbindlichsten Dank für diese ganz außerordentliche Aufmerksamkeit. Ich werde stets die Stimmen und Urteile verfolgen, welche sich in der Presse mit Ihnen beschäftigen und stets der Wahrheit über Ew. Hochwohlgeboren Platz in meiner Zeitung einräumen.

Ergebenst

Dr. H. Rost

VILLA SHATTERHAND *d. 21./10. 07.*
RADEBEUL-DRESDEN.

Hochgeehrter Herr Doctor!
Nun komme ich endlich doch, wenn auch sehr spät! Der letzte Kampf nahm
meine ganze Zeit in Anspruch. Es galt, den Feind derart einzukreisen, daß er
herausmußte mit der Wahrheit. Nun ist sie heraus, endlich, endlich, Gott sei
Dank! Wer nun zu den Dummen gehört, „die nicht alle werden" (siehe „Histo-
risch-politische Blätter"), ob Herr Cardauns oder die Herren Redacteure, die sich
nicht von ihm verführen ließen, obgleich er das von ihnen fordert, darüber ist ein
Zweifel wohl nicht möglich.

Meiner Veröffentlichung im Börsenblatt, die nächster Tage erfolgen wird,
kann er nicht entgehen, denn die Welt muß endlich doch einmal erfahren, wer sich
mit dem „einzigen, großen Schwindel" befaßte, er oder ich!

Mein „Herzle" und ich, wir gedenken mit Dankbarkeit der Stunden, die uns
in Augsburg mit Ihnen u. Hr. und Frau Chefredacteur Seiwert vereinten. Es war
ein goldiger, lieber, schöner Tag. Endlich einmal wahr und edel denkende,
muthige Menschen, nach so langem Waten im Schmutze der Gewöhnlichkeit!
Viele, viele bei mir einlaufende Briefe zeigen, wie hoch hierdurch die Liebe und
Achtung Ihrer Leser gehoben worden ist.
Mit herzlichem Gruß, auch von meiner Frau,
Ihr alter, dankbarer Karl May.

Dr. oec. publ.

HANS ROST,

Redakteur
und Schriftsteller.

Augsburg, 23. Okt. 07.
von der Tannstr. 44 II.

Hochgeehrter Herr Dr.!
Die große und seltene Überraschung Ihres liebenswerten Besuches in Augsburg haben Sie um eine weitere vermehrt, indem Sie mir in so großer Güte Ihr
hochgeschätztes Bild mit eigenhändiger Widmung sendeten. Wie soll ich Ihnen
danken! Ich freue mich von ganzem Herzen, daß die Wahrheit gesiegt hat, daß
Ihnen die Ihnen gebührende Rechtfertigung und Genugtuung in vollstem Maße
nunmehr zu Teil geworden ist. Ihr liebes Bild aber wird für alle Zeiten ein
Kleinod, ein Familienheiligtum bleiben.
Ich grüße Sie u. Ihre werte Frau Gemahlin ganz ergebenst und zeichne in
unentwegter Hochschätzung   Ihr Dr. H. Rost.

Dr. oec. publ.

HANS ROST,

Redakteur
und Schriftsteller.

Augsburg, am letzten des Jahres
von der Tannstr. 44 II.   1907.

Hochverehrter Herr Carl May!
Das abgelaufene Jahr hat mir Ihre werte Bekanntschaft gebracht. Wofür
Tausende Ihrer begeisterten Leser dankbar wären, das ist mir, einem der Unwür-
digsten, zu Teil geworden. Empfangen Sie für alles Liebe und Gute, das ich von
Ihnen empfangen habe, meinen besten wärmsten Dank. Für das neue Jahr
wünsche ich Ihnen die endlich eroberte verdiente Ruhe nach so vielen Lebens-
stürmen. Besten, herzlichsten Dank für Ihr liebes Kärtchen mit den Neujahrs-
wünschen. An Ihre liebe hochgeschätzte Frau von meiner Braut und mir ebenfalls
die besten Segenswünsche zum neuen Jahre.
Ergebenst grüßend zeichnet   Dr. H. Rost.

Redaktion
der
„Augsburger Postzeitung".

AUGSBURG, den 28. Mai 09.

—◆—

Hochverehrtester Herr Karl May!

Die hohe Ehre und das große Vergnügen, Ew. Hochwohlgeboren kennen gelernt zu haben, das mir durch Ihren letzten Besuch in Augsburg zu Teil geworden ist, wünschen sich auch andere zahlreiche „Karl Mayverehrer". Der hiesige kathol. kaufmännische Verein Lätitia würde sich glücklich schätzen, wenn Sie ihm während des Winters 1909/10 die Ehre Ihres werten Besuches zu Teil werden ließen. Ich unterstütze natürlich sehr gerne diesen Wunsch und könnte dem strebsamen Verein Lätitia nur gratulieren, wenn er mit seiner Bitte den erwünschten Erfolg Ihrer bejahenden Antwort haben würde. In der aufrichtigsten Hoffnung, daß diese Zeilen Sie und Ihre Frau Gemahlin, welche natürlich mitkommen müßte, in voller Gesundheit antreffen möge, schließe ich mit dem nochmaligen Wunsche auf Wiedersehen bei Lätitia im kommenden Herbste.

Herzlichste Grüße   Ihr ergebenster   Dr. Hans Rost.

VILLA SHATTERHAND *d. 2./6. 09.*
RADEBEUL-DRESDEN.

Mein lieber Herr Doctor!

Als Feiertagserholung habe ich Ihr „D. Kath. im Kultur- und Wirtschaftsleben" wieder einmal vorgenommen. Äußerst brave, klare Arbeit! Man muß es Ihnen danken!

Also einen Vortrag! Ich habe „ja" gesagt, für Dezember, obgleich ich nie wieder öffentlich sprechen wollte. Hauptbedingung: Alles still und ruhig! Ja keine Trompetenstöße für meine Person! Das Uebrige sagt Ihnen Herr Martin wohl selbst.

Am 19ten dieses Monats Sieg über Lebius, den Mayvernichter und Pamphletisten. Es war da im Gericht Berlin-Schöneberg Termin gegen ihn. Der vorsitzende Amtsrichter nahm ihn sehr ernst vor und hackte ihn klein. Da gestand Lebius, daß er bedaure, mich angegriffen zu haben. Er nahm alle seine Behauptungen, materielle und formelle, zurück und versprach, mich nun in Ruhe zu lassen.

Damit Sie sehen, wie wohlbewaffnet ich vor ihn hintrat, sende ich Ihnen beifolgende Bogen, die einstweilen gedruckt wurden, nur um den Staatsanwälten, Richtern u. s. w. vorgelegt zu werden. Ihnen und Herrn Chefredacteur Seiwert aber überreiche ich je ein Exemplar, weil mir daran liegt, daß Sie erfahren, was für ein Mann es ist, auf den die Cardauns, Hülskamp, Pöllmann, Muth, Frau Keiter ꝛc. ꝛc. ꝛc. ꝛc. ihre letzte, allerletzte Hoffnung gesetzt hatten! Lebius war die Kanone, die den letzten, tödtlichen Schuß thun sollte. Da man sie aber mit lauter Verlogenheiten vollpfropfte, so konnte es zu keinem ehrlichen Schusse kommen; sie mußte platzen, und wem die Stücke in die Gesichter geflogen sind, das werden wir bald sehen!

Winnetou IV wird nächstens beginnen. Ich kam vor lauter Prozessen nicht dazu.

Also, im Dezember Vortrag. Ist es mir aber möglich, so komme ich schon vorher einmal auf einen kurzen, heimlichen Sprung zu Ihnen, um Ihnen im Vorübergehen die Freundeshände zu drücken.

Mit herzlichem Gruß, auch von meiner Schakara,

Ihr alter Karl May

Mein lieber Herr Doctor!

[handschriftlicher Brieftext in deutscher Kurrentschrift, weitgehend unleserlich]

ihr Kleine. Die geehrte Labius, daß
ne bedürfen, mich angegriffen zu
haben. Er nahm alle seine Bestre-
bungen, materiellen und formalen,
zarisch und durchaus, mir nur in
Rücke zu lassen.

Damit Sie sehen, was alsdann noch
was ich vor ihr hinterm, sende ich Ihnen
nun beifolgende Bogen, die nicht in
den gedruckt werden, nur um den
Nachbesondern, Rücken u. s. w.
vorgelegt zu werden. Ihnen und
Ihnen Hofvorarbeiten Bündel aber
überreiche ich je ein Exemplar, weil
mir daran liegt, daß Sie erfahren,
was für ein Mann es ist, auf den die
Sendung, Hülfsstrung, Köllmann, Müß,
seine Seiten ,,,, ihre letzte, allerletzte
Hoffnung gesetzt hätten! Labius war
die Krone, die den letzten, tödlichen
Stich thun sollte. Da man sie aber mit
solchen Verlegenheiten vollstrafte,
so konnte es zu keinem ehrlichen
Stücke kommen; sie müßte stehen,

und wenn die Vögel in die Gesichter
geflogen sind, das werden wir bald
sehen!

Winnetou IV wird nächstens beginnen. Ich kann das ... Projekt
nicht ...

Also, im Dezember Vortrag. Ist
es mir aber möglich, so komme ich
schon vorher einmal auf einen kurzen
freundlichen Sprung zu Ihnen, um Ihnen
im Vorübergehen die Freundeshände
zu drücken.

Mit herzlichem Gruße,
auch von meiner ...,
Ihr
alter

Karl May

17

d. 14/9. 9.

Sehr geehrter Herr Doktor!

Sie hätten schon längst den Anfang des "Winnetou IV"; wenn Sie mir
nicht zwei Fehler, hätte Riegel wegen,
sehen hätten:

Riegel No. 1: Sie wünschen das
Manuscript zu behalten. Da aber die
Buchausgabe nur durch das Manuscript
abgesetzt werden kann, muß dieses
Zeichen nach Würzburg, ehe es zu
Ihnen kann.

Riegel No. 2: Sie sprechen in Ihrer
Zuschrift vom 27/8 davon, daß Sie mein
Manuscript "zeichen" werden. Das ist
mir, aufrichtig gestanden, etwas vollständig Ungewohntes. Glücklicher Weise stehen Sie mir persönlich so nahe, daß ich
hierbei nicht verweile. Aber die Absicht
der Kürzung setzt auch die Absicht der
"Verbesserung" voraus, und da meine

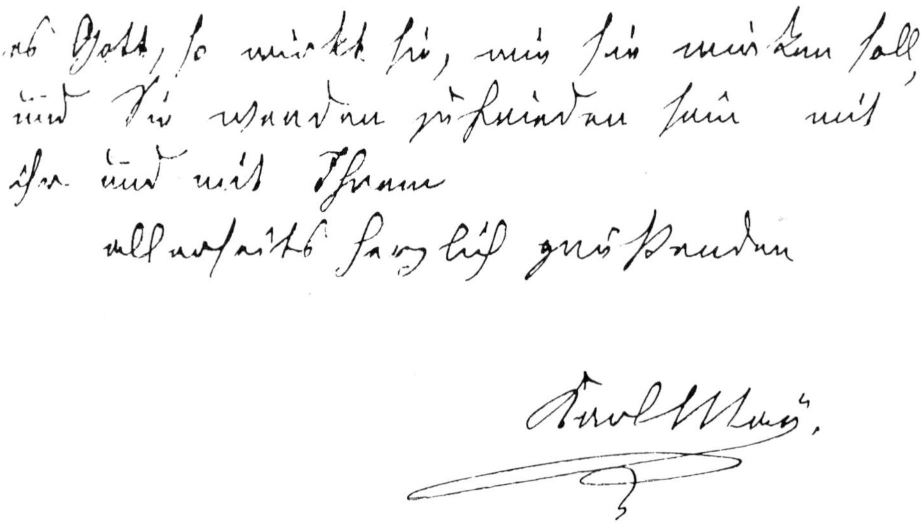

[handwritten text]

Karl May [signature]

Redaktion
der
„Augsburger Postzeitung".

AUGSBURG, *den* 21. August 09

—◆—

Hochverehrter Herr Karl May!

Mit großer Freude haben wir vernommen, daß Winnetou IV im Werden begriffen ist. Als derzeitiger stellvertretender Redakteur und nach Rücksprache mit dem Verlage teile ich Ihnen in Eile Folgendes mit. Wir sind selbstverständlich gerne bereit, Ihren Wünschen soweit als möglich entgegenzukommen. Jedoch würden wir Sie gütigst bitten, mit dem Beginn der Veröffentlichung bis zum 1. Oktober warten zu wollen. Die Sache liegt so. Neuhinzutretende Abonnenten am 1. Oktober müßten dann auf den Anfang verzichten und das geht doch nicht. Hoffentlich kommen recht viele neue Abonnenten hinzu.

Außerdem aber stellen wir Ihnen für jede Nummer 400 Zeilen etwa = 4800 Silben zur Verfügung. Ist's recht so? Da ich die Redaktion der Beilagen und Unterhaltungsblätter habe, freue ich mich schon sehr über die baldige Lektüre und Prüfung. Eine kleine indiskrete Frage. Wünschen Sie das Originalmanuskript wieder zurück, oder könnten Sie damit den Unterzeichneten zum Glücklichsten aller Menschen machen? Ich grüße Sie u. Ihre liebe Frau Gemahlin ganz ergebenst und herzlichst und bitte womöglich um baldige Antwort.   Ihr

Dr. H. Rost

[margin note, rotated:] 17–18 Seiten pro Nummer

Karl May schrieb am linken Rand quer neben den Text vom 21. August 1909:

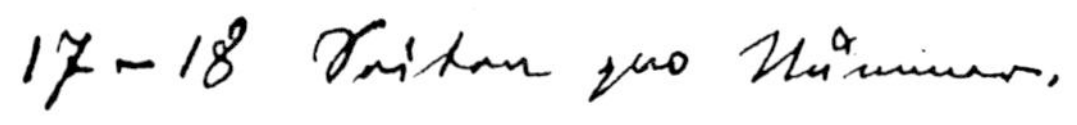

17 – 18 Seiten pro Nummer.

was recht genau dem Rhythmus der vier Monate später einsetzenden Drucklegung entsprach.

———

Wer der in Karl Mays Brief vom 2. Juni 1909 – vgl. S. 14 und S. 15 dieser Dokumentation, jeweils zweiter Absatz des genannten Schreibens – erwähnte „Herr Martin" gewesen ist, konnte leider bisher nicht ermittelt werden.

AUGSBURG, den 11. Sept. 09

Hochverehrtester Herr Karl May!

Verzeihen Sie mir gütigst meine schier unbezwingbare Neugierde und Ungeduld, die darnach brennt, recht bald einen kleinen Teil Ihres Romans Winnetou IV. in die Hände zu bekommen. Die verschiedenen Zeitungen haben bereits das Erscheinen von Winnetou IV angekündigt. Ihre große Gemeinde wartet also in Spannung des neuen Werkes. Hoffentlich haben Sie es uns nicht verübelt, daß wir mit dem Beginn von Winnetou IV. erst im Oktober anfangen wollen. Aus zeitungstechnischen Gründen ging das nicht anders. Dürfte ich Sie nun, sehr geehrter Herr Karl May, ergebenst gebeten haben, uns gütigst Mitteilung machen zu wollen, wann etwa ein Teil Ihres Manuskriptes vorliegen wird? Ich beabsichtige nämlich als Einleitung des neuen Bandes eine kurze Schilderung von Wesen, Inhalt und Bedeutung des hochbedeutsamen Winnetou Ihrem Winnetou IV. zur Einführung für die Leser vorauszuschicken. Empfangen Sie also meine herzlichsten Grüße verbunden mit der Bitte um baldige Antwort. In hoher Verehrung für Ihre werte Frau Gemahlin und Sie zeichne ich Ihr ganz ergebenster

Dr. H. Rost.

VILLA SHATTERHAND *d. 14./9. 09.*
RADEBEUL-DRESDEN.

Sehr geehrter Herr Doctor!

Sie hätten schon längst den Anfang von „Winnetou IV", wenn Sie mir nicht zwei harte, feste Riegel vorgeschoben hätten:

Riegel No. 1: Sie wünschen das Manuscript zu behalten. Da aber die Buchausgabe nur direct vom Manuscript abgesetzt werden kann, muß dieses Letztere erst nach Stuttgart, ehe es zu Ihnen kann.

Riegel No. 2: Sie sprechen in Ihrer Zuschrift vom 21/8 davon, daß Sie mein Manuscript „prüfen" werden. Das ist mir, aufrichtig gestanden, etwas vollständig Ungewohntes. Glücklicher Weise stehen Sie mir persönlich so nahe, daß ich hierbei nicht verweile. Aber die Absicht der Prüfung setzt auch die Absicht der „Verbesserung" voraus, und da meine Arbeiten mit all den Fehlern, die ich ihnen gebe, gedruckt werden müssen, so bin ich auch hierdurch gezwungen, das Original erst nach Stuttgart gehen zu lassen.

Ich bin nämlich nicht im Besitz einer Copie. Ich habe keine Zeit dazu. Es giebt auch keine Reinschrift, kein sogenanntes Mundum. Ich mache ein Concept und weiter nichts; dabei hat es sein Bewenden. Ob ich Ihnen dieses Concept zur Erinnerung lassen darf, wird davon abhängen, wie es aussieht, wenn es Ihren Setzersaal verläßt.

In Stuttgart ist man angewiesen, mir den Anfang des Manuscriptes am 20ten d. M. zurückzusenden. Sie bekommen ihn dann mit wendender Post, und die Folge dann so hinter einander, daß Ihr Vorrath sich schnell vergrößert.

Daß die Erzählung mit dem 1ten Octbr. beginnt, ist mir recht, ebenso daß Sie pro Nummer 4800 Sylben geben. Will es Gott, so wirkt sie, wie sie wirken soll, und Sie werden zufrieden sein mit ihr und mit Ihrem

allerseits herzlich grüßenden
Karl May.

Redaktion
der
„Augsburger Postzeitung".

—◇—

Hochverehrter Herr Karl May!

Empfangen Sie meinen besten Dank für die rasche und abschließende Erledigung von Winnetou IV. Ich habe in der Setzerei Auftrag gegeben, recht viel in jeder Nummer unterzubringen. Um aber Ihnen und Herrn Fehsenfeld noch rascher entgegenzukommen, werde ich den Roman in Bälde absetzen lassen und <u>sofort</u> Bürstenabzüge an Sie abgehen lassen. Nicht wahr, so geht es am besten? Für die freundliche Überlassung des Originalmanuskriptes spreche ich Ihnen nochmals meinen besten Dank aus.

Ich grüße Sie u. geehrte Frau Gemahlin auf das Herzlichste und zeichne ergebenst unter frohen Osterfestwünschen

Ihr Dr. H. Rost.

Diese Korrespondenz (deren Vollständigkeit leider bezweifelt werden muß) verrät wichtige Einzelheiten.

Die erste Begegnung von Dr. Hans Rost mit Karl May erfolgte bereits im Oktober 1907 – im Gegensatz zu seinen späteren irrigen Angaben sowohl in seinem Buch **„Aus der Jugendzeit"** (1924) wie auch in **„Erinnerungen aus dem Leben eines beinahe glücklichen Menschen"** (1962) – vermutlich auch in anderen Publikationen. Ob sich Karl May im Frühjahr 1909 erneut in Augsburg aufgehalten und Dr. Rost persönlich aufgesucht hat, wie man aus Rosts Schreiben vom 28. Mai 1909 entnehmen könnte, ist nicht überliefert. Die Vermittlung zwischen dem Verein Laetitia und May erfolgte offenbar aufgrund von Dr. Rosts persönlichen Bemühungen; dies sagt er zwar nicht klar in seinen Aufzeichnungen aus dem Jahr 1924 (vgl. S. 6/7), jedoch eindeutig im Jahr 1962, wo er (a. a. O., S. 92) unmißverständlich formuliert: „Im Jahre 1910 hat Karl May auf meine Veranlassung im katholisch-kaufmännischen Verein L ä t i t i a in Augsburg im Schießgrabensaale einen fast zweistündigen Vortrag gehalten, von dem die Augsburger heute noch reden." Der Erstabdruck „Winnetou IV" begann im Unterhaltungsblatt „Lueginsland", der Beilage zur „Augsburger Postzeitung", am Mittwoch, 6. Oktober 1909 (Heft 88), erstreckte sich mit meist zwei Nummern pro Woche bis zum Jahresende (Heft 116) und führte ohne Unterbrechung weiter ab Heft 1 des Jahrgangs 1910 bis zum Abschluß in Heft 36: Mittwoch, 27. April 1910. Eine Einleitung mit einer kurzen „Schilderung von Wesen, Inhalt und Bedeutung des hochbedeutsamen Winnetou" zur Einführung für die Leser, wie Dr. Rost in seinem Brief vom 11. September 1909 ankündigt, wurde seitens der Redaktion dem Abdruck allerdings nicht vorausgeschickt.

Die Originalhandschrift für Karl Mays letzte große Reiseerzählung hat Dr. Rost viele Jahrzehnte später freundlicherweise dem Archiv des Karl-May-Verlags überlassen. Hier werden auch weitere Manuskripte des Dichters aufbewahrt, darunter die im vorliegenden Büchlein wiedergegebenen Texte, die 1909 im Zusammenhang mit Karl Mays Augsburger Vortrag entstanden sind. Der wichtigste unter diesen handschriftlichen Entwürfen ist das Konzept für den Vortrag selbst, das aus 15 Blättern im Format 16,6 × 21,0 besteht. Es umfaßt neben dem (einseitigen) Titelblatt 13 doppelseitig beschriebene Blätter mit den Textseiten 1–26 zu je 22 Zeilen und den 3-zeiligen Halbschluß auf Seite 27.

Vortrag.

Sitara, das Land der Menschheitsseele,

ein orientalisches Märchen.

Disposition:
1, Das München an sich.
2, Seine Bedeutung und Nutzanwendung.

Ich will das Licht des Tages scheiden;
Nun tritt die stille Nacht herein.
O, könnte doch das Herzensleiden
So, wie der Tag, gegangen sein.

Ich will das Licht des Glaubens scheiden;
Nun tritt das Zweifels Nacht herein.
Das Gottvertrauen der Jugendzeiten,
Ist mir nun abgestochen sein.

Ich will das Licht des Lebens scheiden;
Nun tritt das Tod's Nacht herein.
Die Seele will die Schwingen breiten;
Ich muß, so muß gestorben sein.

Meine verehrten Damen und Herren!
Meine lieben, lieben Leserinnen und Leser!

Ich habe Ihnen zunächst Grüße zu bringen, recht wichtige und herzliche Grüße. Woher? Von wem? Aus Bichern, dem hochgelegnen Land der Wanderblumen. Von Mensch zu Mensch, unserer großen, herrlichen Menschheitsseele.

Sodann habe ich Ihnen zu erklären, daß mein Oder Motto, welches Sie soeben gehört haben, nicht nur von einer Anmut ist, und neugierigen, von persönlichen Gründen gezeugen ist, sondern weil sein Inhalt in innigster Beziehung zum Inhalte unsrer Münchner steht. Grad mir, der ich mir die Aufgabe gestellt habe, in meinen Worten nur Liebe und nur Brüder zu verkünden, liegt es wenig. Hand vonche haben wir jedem andern gebildeten und vernünftigen Menschen, dem confessionellen Haß und jeder Vorschub zu leisten.

Und darum bitte ich, es zu nicht abwer genug zu nehmen, daß ich Ihnen in diesem meinen Vortrag mit einen Menschen kommen, anstatt mit ahnes Andenen[3], was Sie wahrscheinlich von mir erwartet haben. Ich bin keineswegs der Unterhaltung Schriftsteller, zu dem man mich noch gewisser Hicks ingrediren will. Ich habe höhere Zwecke und Ziele. So bin ich auch nicht hingekommen, um Ihnen heut Abend eine Stunde gewöhnlicher Unterhaltung und Jeitwertreiung zu bereiten. Sondern der Zweck meines Kommens und meiner Vortrages ist ernst, sehr ernst, wie es dem ernste der schweren Zeit, in der wir leben, geziemt. Indem ich Ihnen Grüße und Liebe bringe, lege ich

Ihnen köstliche, dauernde Werte in die Hand. Es ist
mein Wunsch, nicht nur äußerlich, vom Körper zum
Körper, zu Ihnen sprechen zu dürfen, sondern mit meiner Seele zu Ihrer Seele, mit meinem Herzen zu Ihrem Herzen und mit meinem Gemüte zu Ihrem Gemüte. Und ich möchte, daß das, was ich Ihnen zu
sagen habe, durch die Mienen dieser Seele hinaus
dringe in die weite Welt, damit die ganze Menschheit
halt sich so gottdurchdrungen und so zuversichtsfreudig,
so glücklich und so selig fühlen möge, wie ich mich
fühle trotz des herausnehmend und der Heimweh,
von der ich mein überirdisches Heil getrungen   4.
Jahr und euch heutigen Tages nach bringe.

      Viele von Ihnen, besonders die Fachmenschen haben,
schlechten zwischen Jahr und solchen Fächern, werden es
keineswegs erwartet haben, gesunde Schilderungen
aus dem Lande der Indianer, der Araber und der Beduinen. Aber das sei ferne von mir. Das verlasse
sich einer Reise von hier aus nach Augsburg nicht! Ich
bringe Ihnen Bethuves und Schmerz. Ja, ich bringe Ihnen
das Allerbeste und Allerhöchste, was es zwischen einem
Schriftsteller und seinen Lesern geben kann: Ich bringe
zu Ihnen ein – – – München!

      –

      Was ist ein München?
      Es gibt irdische Wahrheiten, und es gibt himmlische
Wahrheiten. Die irdischen sind nicht schwer zu begreifen
und nicht schwer innerlich zu verarbeiten. Die Wissenschaft, die euch ich forschte, ist stets bemüht, sie dadurch
zu begründen und zu beweisen, daß es ermöglich wird
sie zu begreifen. Die Wahrheiten aber, die von dem
Wächter der Sterne vom Himmel zu uns niederstiegen,
finden nicht so leicht und nicht so schnell das Nachständnis,

25

... Die sind zu aufdringend, und Feinde, besonders geistige oder seelische Feinde, reißt der gewöhnliche Mensch so gern von seiner Tür. Auch ist es überhaupt nicht Jedermanns Sache, die Wahrheit bei sich aufzunehmen und sich von ihr in seiner falschen bürgerlichen Besorglichkeit und Bequemlichkeit stören zu lassen. Kehrt nun so eine überall abgewiesene himmlische Wahrheit zu dem zurück, von dem sie ausgegangen ist, zu Gott, dem Herrn, so ruft er ihr gütig zu, nennt ihr den Namen eines Dichters, der wirklich Dichter ist, und spricht:

„Geh wieder hinab, und bitte Ihn, dich in das unscheinbare, aber heilige Gewand des Märchens zu kleiden. Dann wird man dir allüberall nicht nur die Türen, sondern auch die Herzen öffnen. Und wo du kommst, und wo du gehst, wird Dich der Sieg auf deinem Pfad begleiten."

Die kehrt zur Erde zurück und findet den Dichter, er schreibt ihr das Gewand. Und nun beginnt sie ihre Wanderung mit freudigem Vertrauen. Sie geht von Stadt zu Stadt, von Land zu Land. Sie kommt zu jedem Hause; sie klopft an jede Tür und wird von Alt und Jung, von Hoch und Niedrig freundlich aufgenommen.

„Sie ist ja nur ein Märchen," sagt man sich, „ein armes, liebes, gutes Märchen, das uns unterhalten will, wie ein geübter Karl May seine Brüdermann und Grünermann unterhält, weiter nichts!"

Aber dann, wenn das vermeintliche Märchen sich entpuppt hat, ist sein eigentliches, sein innerstes Wesen, die Wahrheit, zurückgeblieben. Die wehret sich nun. Die macht es sich bequem. Die wird nicht nur die Freundin sondern sie wird der Engel des Hauses, dessen Besuch nun nur mehr und mehr die glückliche Heimkehr ...

„Das war zu gar kein Mönchen! Sondern das ist die Wahrheit, die wir vorher abgewiesen haben! Wir waren Thoren, und wir waren blind. Du aber kehrtest als Mönchen zurück, um uns zu zwingen, von unserer Thorheit zu lassen und sehend zu werden. Du hast uns befragt. Du hast uns überzeugt. Nun gehören wir Dir, und nun halten wir für Dich ein, auch wenn Du Dich nicht mehr als Mönchen zeigst, sondern als das, was Du ist, als unverhüllt, als — — wahr! —"

Das, meine hochgeehrten Damen und Herren, das ist das Mönchen. Nämlich das ächte, das wahre, das wirkliche Mönchen. Nicht etwa jenes nichtssagende, inhaltslose Art der Mönchen, mit denen Haupthagen jeder Veröffentlichung und Kolportage hausiren geht. Ich bin gewiß, daß Sie mein Schweigen und meinen Muth noch Dennoch auch in das Reich der Mönchen drängen. Man hat mir das sogar geschrieben und mich er- sucht, von dieser Art, zu schreiben, abzulassen. Darum bringe ich Ihnen dieses mein Mönchen heut zu ge- führt, um es hier in die Öffentlichkeit zu stellen. Ich bitte, betrachten Sie es! Ob es eines jener leeren, inhaltslosen Mönchen ist, die keinem Menschen Nutzen bringen, oder eine jener himmlischen Wahrheiten, die von den Wolken der Thoren niedersteigen, um uns die Kunde zu bringen, daß alle die hohen, köstlichen Ideale, nach denen edle Menschen streben, in Wirklich- keit vorhanden sind und den Jedermann nicht etwa erst im nächsten Leben, sondern auch schon jetzt und hier verwirklicht werden können.

Mein Mönchen heißt das folgendermaßen:

Wenn man drei Monate lang von der Hand aus Dävos nach der Donau geht und dann nach drei Mo-

27

nahe in ihrer derselben Richtung weiter, gelangt 8.
man zu einem Stern, der zwar von kleiner Gestalt,
aber hier und da so großer Wichtigkeit ist, daß man
ihm keinen besonderen Namen gegeben hat, sondern
ihn einfach nur als Stern bezeichnet. Stern ist
ein griechisches Wort und bedeutet eben: Stern.

Dieser Stern hat einen Durchmesser von ungefähr
1700 geographischen Meilen und einen Umfang von
5400 Meilen. Man sieht, obgleich Stern in das Reich
der Fabel oder das Märchen zu gehören scheint, man hat
diesen Stern doch schon gemessen, und zwar sehr genau.
Ja, man hat sogar schon sein genaues Gewicht bestimmt
obgleich nur die Wissenschaft eine große, complicirte
Wage kennt, nach welcher man Sterne zu wiegen vermag. Stern bewegt sich in etwa über 365 Tagen
einmal um die Sonne. Diese Zeit nennt man ein Jahr.
Und in etwas mehr als 24 Stunden einmal um sich
selbst. Diese Zeit heißt ein Tag. Stern besteht, wie
unsere Erde, aus Land und Wasser. Das Land nimmt
ein Drittel und das Wasser zwei Drittel der Oberfläche ein. Das Festland gruppiert sich nach Ausdehnung und
Gestalt in zwei verschiedene Complexe, nämlich in das
Tiefland Rudistan und in das Hochland Oseimistan. 9.
Rud heißt Erde, heißt Erdacker oder Erdkrume, heißt
indischer Stoff. Oseim heißt Höhe, heißt Urele, heißt
ein Höheres, immerhinsialles Wesen. Rudistan ist also
das Land der niedrigen Naturen, die nur dem Wasser
leben. Oseimistan ist das Land der Höheren, der
edleren Wesen, denen es gelungen ist, sich von der
Macht des Wassers so viel wie möglich zu befreien.

Zwischen Rudistan und Oseimistan giebt es nun dort
das Land, welches wie ein heutiger, zwischen zwei Meer-
sen gelegenen Brücken rückwärts hißet, um bei

... die Festländer mit einander zu verbinden. Dieses dritte Land heißt Mundischen. Mörd ist ein großes schönes Wort und bedeutet so viel wie Menne. Mundischen ist also das Land der Menner, der Chervai... las, der Kraftvollen und Feurigen, die da wissen, was sie wollen. Und was wollen sie? Aus dem Niederland zum Festland werden. Aus Mundischen nach Oschenischen. Aus dem Schmutze zur Reinheit. Aus dem Dunkel zum Licht!

Denn, wenn wir z. B. von der Erde aus den Mond betrachten, so haftest du an seiner Oberfläche hier und da helle und dunkle Stellen. Die dunklen sind 10. seine Schluchten, seine Täler, seine niedrig liegenden Gegenden. Die hellen sind seine Höhen, seine Berge, seine Gebirge. Diese hohen Gegenden leuchten, die niedrigen aber nicht. Warum so ist es auch auf der Erde. Nur mit dem einen Unterschiede, daß selten jedermann kein eignes Licht besitzt, sondern nur im Sonnen- und im fremd scheinen leuchtet. Leben aber hat nur im eignen Licht zu strahlen. Nur niedrige Wesen mit niedrig ... Berufe... nen vergnügen im fremden Licht. Höhere Wesen aber, die von edlerem Geschlechte herrschet werden, bangen sich keinen fremden Strahlen, weil sie als schöpfische Lichtquellen ihr eignes Licht vermögen. Zu diesen Lichtern gehört Leben. Aber nur Oschenischen das Hochgelegenen, leuchten. Mundischen, das tiefer gelegenen, nicht.

Dieses Licht von Leben ist kein naturvolles, sondern ein höheres, ein geistiges, ein ethisches Licht. Nicht der Wesen nur sich leuchtet, sondern seinen Berufenen sollen durch... kommen. Je wärmer, klarer und edler das Sinnen und Denken dieses Berufenen ist und je größer die Zahl derer

wird, die es so weit gebracht haben, daß sie leuchten, [11.]
wirklich leuchten, um so reicher und deutlicher wird
sie um den Säumen der lichtarmen Welt zu sehen
sein. Wie nun aber kommt es, daß es nur wenige Menschen giebt, die diesen Neuen kennen? Daß nur die
Berge oder das Meer von ihr leuchten? Daß man ["]
nur in alten Inschriften, Sagen oder Morgen- ["]
manchen eine Andeutung darüber findet, daß er einige
mal geschienen habe, aber nur kurze Zeit? ["]

Das kommt daher, daß nur in Schönsten Licht zu
finden ist, daß aber gerade in diesem Schönsten nie [']
mehr Feuered geben würde. Vielmehr ist Alles, was
auf dem Meer Schönen lebt, tief unten im Dunkeln
Nordsternen geboren worden. Wer von da unten emporstrebte, der mußte sich mühsam zur Höhe kämpfen, und
das nur schwer, sehr schwer!

Die Leute von Schönsten waren herrliche Gottheiten
der, in deren Land es nur ein einziges Gesetz, und zwar ["]
das Gesetz der Liebe gab, welches lautete: Du sollst den
Schützengel deines Nächsten sein, damit du nicht selbst
zum Teufel werdest. Die Leute von Nordstern aber sind
von ein finstere, lichtfeindliches und selbstsüchtiges Geschlecht.
Auch in ihrem Lande gab es nur ein einziges Gesetz, [12.]
und zwar das Gesetz der Eigensucht, das lautete: Du
sollst der Teufel deines Nächsten sein, damit du dir
selbst zum Engel werdest. Dreimal und zehnmal wehe
dem, der es wagte, sich gegen dieses höllerische Ge- ["]
setz zu empören! So würde infolge der allgemeinen
Finsternis entdeckt, denn er begann, von innen heraus
zu leuchten. Sobald man dies sah, würde er auf Befehl
das Feuer gequält und nach Nordstern geschleppt, um
dort vernichtet zu werden.

Mitten in diesem Lande, im tiefen Walde von Kü- [,]

30

dieser Zeit der sich mehr Sterne in immer größerer zu den Zwischenräumen am Himmel erscheinen, wenn Großes geschieht oder verkündet würde. Aber immer verschwand der Stern sehr bald darauf. Am klarsten und am längsten leuchtete er von jener Nacht an, in welcher die himmlischen Heerscharen ihr „Ehre sei Gott in der Höhe, und Friede auf Erden!" erklingen ließen. Und war von Bethlehem und das Abends zur rechten Zeit und mit dem rechten Worte das freie Feld bedeutet, der konnte nach Herz Sterne am Himmel stehen sehen und das Chor der Engel erklingen hören: „Gloria in excelsis deo, et in terra pax!"

Das ist das Mädchen, welches ich nicht in seinem vollständigen Wortlaut erzähle, weil dies zu viel Zeit in Anspruch nehmen würde. Bevor ich zu seiner Bedeutung und zu seiner Nutzanwendung übergehe, lasse ich auch den Schrannenhof meines vorhin gezeigten Ave Maria mit diesem Mädchen singen zu lassen.

„Ich will das Licht des Tages scheiden (4 Zeilen)" bedeutet das alltägliche, wie wir alle Laune des Stadtleben. Möchte es doch so vergangen sein, wie der heutige Tag vergangen ist, der allerdings schon mancher werden lasst. So möge auch das Leid wiederkehren. Aber hier heute, hier halt wollen wir es los hier!

„Ich will das Licht des Glaubens scheiden (4 Zeilen)" Das ist der Drang im Mönchtum. Der innere Drang um den einzigen und den wahren Weg aus dem Diesseits hinauf nach dem Himmel.

„Ich will das Licht des Lebens scheiden (4 Zeilen)" Das ist der Sieg über die Niedrigkeit des Stadtleben und über die Gefahr des Mönchtum. Der Aufschwung zu jenen Bergen, von denen der Psalmist singt: „Ich schlage meine Augen auf zu den Bergen, von denen mir Hülfe kommt."

Der Schluß des Mönches weist auch das offene Feld der Bethlehem, auf die heilige Weihnachtzeit, in der wir uns jetzt befinden, und auch die „Weihnachtsglocken", die von Schlöffen meines Vorberges und dem Munde unseres Herrn Pfarrers noch klingen werden.

Ich wiederhole: Das ist meine Meinung. Ich habe es Ihnen gebracht, damit Sie es kennen lernen möchten. Und können ist dies geschehen, so bin ich überzeugt, daß Sie abends vor jenem Bilde, das davon ich erzählte, sagen werden:

„Das ist ja gar kein Mönchen, sondern das ist Wahrheit, tiefe, innerliche Wahrheit, die mir heute, den 16. noch zu danken vermag, wohl verdanken muß!"

Und Sie haben Recht. Welcher Mann hat einen Durchmesser von 1700 Meilen? Die Erde! Einen Umfang von 5400 Meilen? Die Erde! Eine Umlaufzeit um die Sonne von 365 Tagen? Die Erde! 24 Stunden Umlaufzeit um sich selbst? Die Erde! Auch welchen Mann stehen wir, wenn wir, von dem jetzigen Augenblicke an genau 6 Monate lang auf die Sonne zugehen und denn nach 6 Monate lang in derselben Richtung über die Sonne hinaus? Auch die Erde! Denn Sie hat bis dahin genau einen halben Umlauf gemacht und steht dem Künstler, von dem wir uns jetzt trennen, grad gegenüber! Schöner ist also nichts anderes als unsere Erde. Aber nicht astronomisch oder geographisch, sondern mit dem Auge des Mönches betrachtet. Nicht von unserer irdischen Weisheit, sondern mit dem Auge der himmlischen Wahrheit betrachtet, die an den Menschenkindern niederblickt und tiefer schaut als jedes andere Auge!

Für dieses höhere Auge gruppieren sich die Schicksale unserer Erde ganz anders, als wir es uns unseren

gegnerischen Staaten ziehen. Da giebt es kein
Amerika, kein Europa, Asien, Afrika und Australien,
sondern da giebt es nur, das Hochland Gottmenschen,
das Tiefland Teufelthum, und zwischen diesen beiden
das Land der Heidengual und das Heidenleibes, Wüsten
düstern, mit den Gottbergspitzen im Walten der "
Liebe. Und da giebt es in Wirklichkeit die beiden
Gesetze, von denen ich erzählte. Im Teufelthum: "Du
sollst den Teufel deines Nächsten sein, damit du
Dir sollst zum Engel wandelst." Im Gottmenschen: "Du
sollst den Schutzengel deines nächsten sein, damit du
Dir nicht sollst zum Teufel wandelst." Bitte, zweifeln
Sie nicht die Köpfe! Zweifeln Sie nicht daran, daß es
diese Gesetze giebt! Sie sind da! Und nicht nur das,
sondern sie werden auch befolgt. Schauen Sie in die
Weltgeschichte, in das Leben der Völker, der Staaten,
der Gemeinden, der Familien, der Einzelmenschen,
so werden Sie oft und oft diese beiden sehen: den
Engel und Teufel, beide auch den Teufel!

Auch die beiden Grundrichtungen stimmen: um sich
selbst und um die Sonne. Im finstern, dunkeln Redithum dreht sich Jeder und Alles um sich selbst, um das
unersättliche eigene Ich, um die eigenen Starben, "
um den eigenen Vortheil, den eigenen Nutzen, den eigenen Jammer und die eigene Lust. Im Gottgelegenen,
sollen wie einen Redithum oder wendet Jedermann
um einen allgemeinen, lieben fremderen, heglücken
den und befolgenden Mittelpunkt. Nennen Sie diesen "
Mittelpunkt, wie Sie wollen; er ist der Ewigkeit
der gewesen, er ist noch heut vorhanden, und er wird
niemals vergehen; er bleibt!

Im Leben, wo sich Alles um diese Sonne bewegt,
hat auch das Konradtsch gestanden, der Gerthen Feder,

von dem die heiligste aller Schriften erzählt. Da wandte sich der Mensch von diesem Mittelpunkte ab, es gelüstete ihn, selbst Mittelpunkt zu sein. Die Bibel sagt: „Er wollte sein wie die Götter!" Oder wie Jesaias 13/14 u. 13/14 geschrieben steht: „Zum Himmel werde ich aufsteigen! Meinen Thron setze ich über Gottes Sterne! Dem Höchsten will ich gleich sein!" Da ging ihm das Paradies verloren. Er flog hinab nach Niedrigkeit und ist nun dort, was er so heiß zu werden wünschte, zu sein, nämlich Mittelpunkt. Aber nur seiner eigener Mittelpunkt, um den sich Nichts und Niemand dreht als nur er allein, nur er! Das ist das ewige, unerschütterliche Gesetz der göttlichen Gerechtigkeit, daß ein jeder gerade mit dem bestraft wird, womit er sündigte. Doch zürnt das Jaer nicht ewig. Der Gefallene soll sich wieder heben, soll zu'n zurückkehren dürfen, aber nur durch eigenes Wollen und nur durch eigenes Können. Das Paradies war ein unverdientes Geschenk, nun soll er es sich das dienen, zurückverdienen. Womit? Vor allen Dingen hat er sich von seiner Besorgung um sich selbst loszureißen, also jedem Hochmut zu entsagen, Und er soll nach Demut zu streben, um sich der großen Besorgung um die Seinen wieder beizugesellen. Mit anderen Worten: Er war nicht Edelmensch und soll es wieder werden. Aber der Weg vom niedrigen zum höheren Menschentume, vom Raubtiermenschen zum Edelmenschen ist schwer. Er führt durch Mühseligkeit durch das Land der Qual, und durch die Geisterschmiede von Kulüb. Kann keiner der Engel das Paradiesestor herniedersteigen, um ihn aus Sumpf der Sünde zu heben?

O doch! Gewiß, gewiß! Dieser Engel braucht gar nicht erst niederzusteigen. Er ist schon da. Nur fehlt

... durchsichtigere Menschen den schwachen Blick, ihr zu sehen. Unser Gott, der Allgütige und Allweise Mensch, legt er den Schwachen gleich die Gnade bei. In demselben Augenblicke, wo da er nach dem Menschen hungert, um ihm das Paradies zu verbürgen, schuf er den Engel, welcher den Befehl erhielt, den Großphraten zu begleiten, um ihn durch das Dunkel der Rückkehr und das Lied der Mönchschöre wieder noch- und zurückzuführen. Ich meine den Engel der großen, immergefaßt nach Lösung strebenden, aber nach ihr nicht gelösten "Menschheitsfragen."

"Gott sieht Alles, was er gemacht hatte; es war _sehr gut_," sagt die heilige Schrift. Sehr gut" war das edelste Dinge auch das Höchste, das edelste aller Geschöpfe der Mensch, der _Edelmensch._ Adam wurde er genannt, dieser Edelmensch. Adam heißt Mensch. Sobald dieser Mensch gesündigt hatte, erklang Gottes Stimme durch das Paradies: "Adam, wo bist du?" Mensch, wo bist du? Mir stehst es mit deiner Edelmenschlichkeit, durch welche ich Dich nicht nur über alle andere Geschöpfe erhob, dir, dann sogar auch über Dich selbst und über den heutigen Stoff, aus dem ich Dich bereitete?" Indem Gott diese Frage aussprach, schuf er die "Menschheitsfragen."

So erschuf ihr Engelskraft und Engelssinn. Und je- mer letztem Paradiesesstunde ist die Menschheit aber zu nicht wieder von der Menschheit geschieden. Sie wird auch bis zur einstigen wieder nahen Paradiesesstunde sie nicht von ihr weichen. Sie hat Adam und Eva auf dem Garten selber begleitet. Sie ist mit Noah in der Arche gewesen. Sie hat bei den Männern das halb heroische Thränen, den Pyramiden, den indischen Tempel, den persischen Trokalli, das Tempel der Jerusalem, der Katakomben in Rom gestanden. Sie hat die

22.

das ich ihr zur Verfügung stellte mit Allem, 23.
was damit in Verbindung steht.

Hiermit kommen wir auf meine schriftsteller'sche
Thätigkeit, auf meine Bücher, meine Werke zu sprechen. Ich habe wahrer genug Zeit nach Selbstgefälligkeit
genug, mich ausführlich hinüber zu verbreiten. Wer
mich liest, und zwar aufmerksam liest, der wird
mich ergründen, wenn ich begegnen und verstehen.

Auch ich stamme aus dem niedrigen Ständen. Ich wurde
als ein Kind der bittersten Armuth, der nagenden Sorge geboren. Mein Vater war Weber, der Vater meines Vaters war im Winter in tiefer Brot das Wer-
das ersehnet und verloren. Auch der Vater meiner
Mutter war härtlich verunglückt. Den Großvater
meines Vaters hatte ein Schlaganfall gelähmt. Er
war viele Jahre lang an seiner Stätte gebunden
gewesen und dann in tiefem Stuhle gestorben. Die
Mutter meines Vaters, also meine Großmutter, hatte
kurz nach der Geburt meines Vaters drei Tage lang
von Wochenbett im Krieg gelegen, bis man, als
der Krieg geschlossen werden sollte, entdeckte, daß
sie nicht todt war, sondern nur lebte. Ich selbst
war blind. Ich konnte noch als fünfjähriger 24.
Knabe sehen. Man sieht, ich hatte sehr mehr Grund, mich
auf dem traurigen Ständen hinauf nach Schöneres
zu sehnen. Dieser Wunsch wurde mir erfüllt. Das der
meiner Wanderung durch Mönchsthau, davon Länder
sind, und der meiner Feind in der Geisterschmiede
will ich hier nicht nennen.

Aber die Vorfahren meiner Eltern waren in bes-
sere Verhältnisse geraten. Es gab einen Vorbesitzer
unter ihnen, der weite Reisen gemacht hatte. Auch
einen verdienten Theologen und mehrere Aerzte

und Bücher, von denen einer im Original gewesen war, um sie zu studieren. Der Verlag hatte ihm ein altes Bilderbuch der Bibel hinterlassen, der Arzt ein ebenso altes Kräuterbuch mit Abbildungen und der Orientalist eine Menge von orientalischen Märchen, unter denen sich auch das Märchen von Sitara und Marah Durimeh, der Menschheitsseele, befand. Diese Märchen erzählte mir die Großmutter, als ich noch blind war. Ich wurde dadurch seelisch sehend, ehe ich es körperlich wurde. Denn, als ich sehen konnte, fiel ich mit Eifer über die Bilderbibel her. Sie hat meinem inneren Leben Richtung 25. gegeben. Jetzt bin ich fast 70 Jahren alt, aber es hat in diesen 70 Jahren keinen einzigen Augenblick gegeben, von dem ab mir eingefallen wäre, von meinem Vorsatz und von der Festigkeit zu zweifeln. Das alte Kräuterbuch von Matthioli, gedruckt zu Frankfurt a. M. im Jahre 1600, zählte die Namen der Pflanzen in verschiedenen Sprachen auf, sogar arabisch. Das machte mich frühzeitig zum Tier- und Pflanzenfreund und ist in mancher Beziehung richtunggebend für meine spätere Tätigkeit gewesen.

Über das Alles aber gingen mir die Märchen. Sie haben mich niemals wieder losgelassen, nie! Großmutter war Meisterin, sie zu erzählen. Dann saß ich mit den, dann Knaben in der Dämmerung unter dem großen Kirchentor und erzählte ihnen wieder, was die eben mir erzählt hatte. Wenn mich damals Jemand fragte, was ich werden wolle, so antwortete ich:, "Ein Märchenerzähler wie ein arabischer Hakawati, oder gar so einer, wie meine Großmutter ist!" Nun, ich denke, ich bin es geworden. Ich erzähle euch heut noch von lieblichen, orientalischen Märchen, denn sie nun auch

Mit diesen Zeilen endet die Handschrift mitten in einem Gedankengang, den Karl May bei seinem Vortrag am 8. 12. 1909 vermutlich noch weitergeführt haben dürfte; irgendwelche Einzelheiten dazu wurden allerdings nicht überliefert. Die letzten vier Sätze von Karl Mays Manuskript (auf den neun Schlußzeilen, davon sechs auf S. 26 unten, der Rest auf S. 27) sind übrigens unverkennbar nicht zur gleichen Zeit entstanden wie das Vorangegangene, sondern zu einem späteren Zeitpunkt hinzugefügt worden, wenn auch sicherlich nicht etwa erst nach dem Vortragsabend. Auf den hier anschließenden Seiten folgt nun eine zeichengetreue Reinschrift des ganzen Textes.

Vortrag.

Sitara, das Land der Menschheitsseele, ein orientalisches Märchen.

/ **1** / <u>Disposition</u>:

1.) *Das Märchen an sich.*
2.) *Seine Bedeutung und Nutzanwendung.*

Es will das Licht des Tages scheiden;
Nun tritt die stille Nacht herein.
O, könnte doch des Herzens Leiden
So, wie der Tag vergangen sein.
. . . .
Es will das Licht des Glaubens scheiden;
Nun tritt des Zweifels Nacht herein.
Das Gottvertraun der Jugendzeiten,
Es muß uns abgestohlen sein.
. . . .
Es will das Licht des Lebens scheiden;
Nun tritt des Todes Nacht herein.
Die Seele will die Schwingen breiten;
Es muß, es muß gestorben sein.
. . . .

/ **2** / *Meine verehrten Damen und Herren!*
Meine lieben, lieben Leserinnen und Leser!

Ich habe Ihnen zunächst Grüße zu bringen, aufrichtige und herzliche Grüße. Woher? Von wem? Aus Sitara, dem hochgelegenen Land der Sternenblumen. Von Marah Durimeh, unserer großen, herrlichen Menschheitsseele.

Sodann habe ich Ihnen zu erklären, daß mein Ave Maria, welches Sie soeben gehört haben, nicht etwa, wie man vermuthet hat, aus engherzigen, confessionellen Gründen gesungen ist, sondern weil sein Inhalt in innigster Beziehung zum Inhalte unsres Märchens steht. Grad mir, der ich mir die Aufgabe gestellt habe, in meinen Werken nur Liebe und nur Frieden zu verkünden, liegt es wenigstens ebenso fern wie jedem andern gebildeten und vernünftigen Menschen, dem confessionellen Haß und Hader Vorschub zu leisten.

*Und drittens bitte ich, es ja nicht etwa gering zu achten, daß ich Ihnen in diesem meinem Vortrage mit / **3** / einem Märchen komme, anstatt mit etwas Anderem, was Sie wahrscheinlich von mir erwartet haben. Ich bin keinesweges der Unterhaltungsschriftsteller, zu dem man mich auf gewisser Seite degradiren will. Ich habe höhere Zwecke und Ziele. So bin ich auch nicht hierhergekommen, um Ihnen heut Abend eine Stunde gewöhnlicher Unterhaltung und Zeitverkürzung zu bereiten. Sondern der Zweck meines Kommens und meines Vortrages ist ernst, sehr ernst, wie es dem Ernste der schweren Zeit, in der wir leben, geziemt. Indem ich Ihnen Grüße aus Sitara bringe, lege ich Ihnen köstliche, dauernde Werthe in die Hand. Es ist mein Wunsch, nicht nur äußerlich, vom Körper zum Körper, zu Ihnen sprechen zu dürfen, sondern mit meiner Seele zu Ihrer Seele, mit meinem Herzen zu Ihrem Herzen und mit meinem Gemüthe zu Ihrem Gemüthe.*

*Und ich möchte, daß das, was ich Ihnen zu sagen habe, durch die Mauern dieses Saales hinausdringe in die weite Welt, damit die ganze Menschheit sich so gottvertrauend und so zukunftsfreudig, so glücklich und so selig fühlen möge, wie ich mich fühle trotz des Erdenjammers und der Erdenqual, / **4** / von der ich mein überreichliches Theil getragen habe und auch heutigen Tages noch trage.*

Viele von Ihnen, besonders die hochverehrten Herrschaften zwischen zehn und sechzehn Jahren, werden Abenteuerliches erwartet haben, packende Schilderungen aus dem Lande der Indianer, der Araber und der Beduinen. Aber das sei ferne von mir. Das verlohnte sich einer Reise von Dresden nach Augsburg nicht! Ich bringe Ihnen Besseres und Höheres. Ja, ich bringe Ihnen das Allerbeste und Allerhöchste, was es zwischen einem Schriftsteller und seinen Lesern geben kann: Ich bringe Ihnen ein – – – Märchen!

– – – – – – – – – – – – – – –

Was ist ein Märchen?

*Es giebt irdische Wahrheiten, und es giebt himmlische Wahrheiten. Die irdischen sind nicht schwer zu begreifen und nicht schwer innerlich zu verarbeiten. Die Wissenschaft, die auch ich hochachte, ist stets bemüht, sie derart zu begründen und zu beweisen, daß es unmöglich wird, sie zu bezweifeln. Die Wahrheiten aber, die an den Strahlen der Sterne vom Himmel zu uns niedersteigen, finden nicht so leicht und nicht so schnell das Verständniß, / **5** / welches ihnen gebürt. Sie sind ja erdenfremd, und Fremden, besonders geistig oder seelisch Fremden, weist der gewöhnliche Mensch so gern von seiner Thür. Auch ist es überhaupt nicht Jedermanns Sache, die Wahrheit bei sich aufzunehmen und sich von ihr in seiner falschen, trügerischen Behaglichkeit und Bequemlichkeit stören zu lassen. Kehrt nun so eine überall abgewiesene himmlische Wahrheit zu dem zurück, von dem sie ausgegangen ist, zu Gott, dem Herrn, so lächelt er ihr gütig zu, nennt ihr den Namen eines Dichters, der wirklich Dichter ist, und spricht:*

„Steig wieder hinab, und bitte ihn, Dich in das unscheinbare, aber heilige Gewand des Märchens zu kleiden. Dann wird man Dir allüberall nicht nur die Thüren, sondern auch die Herzen öffnen. Und wo Du kommst, und wo Du gehst, wird Dich der Sieg auf Deiner Fahrt begleiten!"

*Sie kehrt zur Erde zurück und findet den Dichter. Er schreibt ihr das Gewand. Und nun beginnt sie ihre Wanderung mit freudigem Vertrauen. Sie geht von Stadt zu Stadt, von Land zu Land. Sie kommt zu jedem Hause; sie klopft an jede Thür und wird von Alt und Jung, / **6** / von Hoch und Niedrig freundlich aufgenommen.*

„Sie ist ja nur ein Märchen", sagt man sich, „ein armes, liebes, gutes Märchen, das uns unterhalten will, wie ein gewisser Karl May seine Quintaner und Quartaner unterhält, weiter nichts!"

Aber dann, wenn das vermeintliche Märchen sich entfernt hat, ist sein eigentliches, sein inneres Wesen, die Wahrheit, zurückgeblieben. Sie wohnt sich ein. Sie macht es sich bequem. Sie wird nicht nur die Freundin, sondern sie wird der Engel des Hauses, dessen Bewohnern nun mehr und mehr die glückliche Erkenntniß dämmert:

„Das war ja gar kein Märchen! Sondern das ist die Wahrheit, die wir vorher abgewiesen haben! Wir waren Thoren, und wir waren blind. Sie aber kehrte als Märchen zurück, um uns zu zwingen, von unserer Thorheit zu lassen und sehend zu werden. Sie hat uns besiegt. Sie hat uns überzeugt. Nun gehören wir ihr, und nun treten wir für sie ein, auch wenn sie sich nicht mehr als Märchen zeigt, sondern als das, was sie ist, als unerbittlich, als – – – wahr!" – – –

*Das, meine hochgeehrten Damen und Herren, das / **7** / ist das Märchen. Nämlich das ächte, das wahre, das wirkliche Märchen. Nicht etwa jene nichtssagende, inhaltslose Art von Märchen, mit denen heutzutage jeder Scriblifax und Kolporteur hausiren geht. Ich bin gewiß, daß Sie mein Sitara und meine Marah Durimeh auch in das Reich der Märchen verweisen. Man hat mir das sogar geschrieben und mich ersucht, von dieser Art, zu schreiben, abzulassen. Darum bringe ich Ihnen dieses mein Märchen heut zugeführt, um es hier in die Oeffentlichkeit zu stellen. Ich bitte, betrachten Sie es! Ob es eines jener leeren, inhaltslosen Märchen ist, die keinem Menschen Nutzen bringen, oder eine jener himmlischen Wahrheiten, die an den Strahlen der Sterne niedersteigen, um uns die Kunde zu bringen, daß alle die hohen, köstlichen Ideale, nach denen edle Menschen streben, in Wirklichkeit vorhanden sind und von Jedermann nicht etwa erst im nächsten Leben, sondern auch schon jetzt und hier erreicht werden können.*

Mein Märchen lautet folgendermaßen:

*Wenn man drei Monate lang von der Erde aus direct nach der Sonne geht und dann noch drei Mo- / **8** / nate in genau derselben Richtung weiter, gelangt man an einen Stern, der zwar von kleiner Gestalt, aber für uns von so großer Wichtigkeit ist, daß man ihm keinen besonderen Namen gegeben hat, sondern ihn einfach nur als Sitara bezeichnet. Sitara ist ein persisches Wort und bedeutet eben: Stern.*

*Dieser Stern hat einen Durchmesser von ungefähr 1700 geographischen Meilen und einen Umfang von 5400 Meilen. Man sieht, obgleich Sitara in das Reich der Fabel oder des Märchens zu gehören scheint, man hat diesen Stern doch schon gemessen, und zwar sehr genau. Ja, man hat sogar schon sein genaues Gewicht bestimmt, obgleich nur die Wissenschaft jene große, complicirte Wage kennt, auf welcher man Sterne zu wiegen vermag. Sitara bewegt sich in etwas über 365 Tagen einmal um die Sonne. Diese Zeit nennt man ein Jahr. Und in etwas mehr als 24 Stunden einmal um sich selbst. Diese Zeit heißt ein Tag. Sitara besteht, wie unsere Erde, aus Land und Wasser. Das Land nimmt ein Drittel und das Wasser zwei Drittel der Oberfläche ein. Das Festland gruppirt sich nach Aufbau und Gestalt in zwei verschiedene Complexe, nämlich in das / **9** / Tiefland Ardistan und in das Hochland Dschinnistan. Ard heißt Erde, heißt Erdboden oder Erdkrume, heißt irdischer Stoff. Dschinn heißt Geist, heißt Seele, heißt ein höheres, immaterielles Wesen. Ardistan ist also das Land der niedrigen Geschöpfe, die nur dem Stoffe leben. Dschinnistan ist das Land der höheren, der edleren Wesen, denen es gelungen ist, sich von der Macht des Stoffes so viel wie möglich zu befreien.*

Zwischen Ardistan und Dschinnistan giebt es ein drittes Land, welches wie ein breiter, zwischen zwei Meeren gelegener Streifen aufwärts führt, um beide Festländer mit einander zu verbinden. Dieses dritte Land heißt Märdistan. Märd ist ein persisches Wort und bedeutet so viel wie Mann. Märdistan ist also das Land der Männer, der Character, der Kraftvollen und Energischen, die da wissen, was sie wollen. Und was wollen sie? Aus dem Niederland zum Hochland empor. Aus Ardistan nach Dschinnistan. Aus dem Schmutze zur Reinheit. Aus dem Dunkel zum Licht!

*Denn, wenn wir z. B. von der Erde aus den Mond betrachten, so besteht seine Oberfläche für uns aus / **10** / hellen und dunklen Stellen. Die dunklen sind seine Schluchten, seine Thäler, seine niedrig liegenden Gegenden. Die hellen sind seine Höhen, seine Berge, seine Gebirge. Diese hohen Gegenden leuchten, die niedrigen aber nicht. Genau so ist es auch auf Sitara. Nur mit dem einen Unterschiede, daß unser Erdenmond kein eigenes Licht besitzt, sondern nur im Sonnen- und im*

Erdenscheine leuchtet. Sitara aber hat nur im eigenem Licht zu strahlen. Nur niedrige Sterne mit niedrig gearteten Bewohnern erglänzen im fremden Licht. Höhere Sterne aber, die von edleren Geschöpfen bewohnt werden, borgen sich keine fremden Strahlen, weil sie als kosmische Lichtquellen ihr eigenes Licht erzeugen. Zu diesen Letzteren gehört Sitara. Aber nur Dschinnistan, das hochgelegene, kann leuchten, Ardistan, das tiefgelegene, nicht.

*Dieses Licht von Sitara ist kein materielles, sondern ein höheres, ein selisches, ein ethisches Licht. Nicht der Stern an sich leuchtet, sondern seine Bewohner sollen leuchten. Je reiner, klarer und edler das Sinnen und Denken dieser Bewohner ist und je größer die Zahl Derer / **11** / wird, die es so weit gebracht haben, daß sie leuchten, wirlich leuchten, um so weiter und deutlicher wird Sitara am Firmament der sichtbaren Welt zu sehen sein. Wie nun aber kommt es, daß es nur wenige Menschen giebt, die diesen Stern kennen? Daß nur die Sage oder das Märchen von ihm berichten? Daß man nur in alten Keilschriften, Papyrusrollen oder Pergamenten eine Andeutung darüber findet, daß er einigemal geschienen habe, aber nur für kurze Zeit?*

Das kommt daher, daß nur in Dschinnistan Licht zu finden ist, daß aber grad in diesem Dschinnistan niemals Jemand geboren wurde. Vielmehr ist Alles, was auf dem Stern Sitara lebt, tief unten im dunkeln Ardistan geboren worden. Wer von da unten emporstrebte, der mußte sich mühsam zur Höhe kämpfen, und das war schwer, sehr schwer!

*Die Emire von Dschinnistan waren herrliche Gotteskinder, in deren Land es nur ein einziges Gesetz, und zwar das Gesetz der Liebe gab, welches lautete: Du sollst der Schutzengel Deines Nächsten sein, damit Du nicht Dir selbst zum Teufel werdest. Die Emire von Ardistan aber waren ein finsteres, lichtfeindliches und selbstsüchtiges Geschlecht. / **12** / Auch in ihrem Lande gab es nur ein einziges Gesetz, und zwar das Gesetz der Eigensucht. Das lautete: Du sollst der Teufel Deines Nächsten sein, damit Du Dir selbst zum Engel werdest. Dreimal und zehnmal wehe dem, der es wagte, sich gegen dieses fürchterliche Gesetz zu empören! Er wurde infolge der allgemeinen Finsterniß entdeckt, denn er begann, von innen heraus zu leuchten. Sobald man dies sah, wurde er auf Geheiß des Emirs gepackt und nach Märdistan geschleppt, um dort vernichtet zu werden.*

*Mitten in diesem Lande, im tiefen Walde von Kulub, lag und liegt noch heut die „Geisterschmiede", in welcher der Emir von Ardistan seine Opfer leiden und sterben ließ. Oft warteten diese nicht, bis sie ergriffen wurden. Sie flohen. Sie machten sich freiwillig auf den Weg, um ohne Qual hinauf nach Dschinnistan zu gelangen. Aber es gab keinen andern Weg zur Höhe, als nur den einen, der durch Kulub und durch die Geisterschmiede führte. Sie kamen nicht vorüber. Sie fielen den Peinigern in die Hände. Die Meisten starben. Nur Wenigen gelang es, die Qual zu überstehen und dann glücklich zu entkommen. Kulub ist ein ara-/ **13** / bisches Wort und bedeutet den Plural von „Herz". Die Hammerschläge jener Geisterschmiede von Kulub fallen also nicht auf den äußern Menschen, sondern sie fallen in der Tiefe des Herzens und verursachen nicht leibliche, sondern seelische Marter und Pein. Ich erlaube mir, von dieser Schmiede ein kurzes Bild zu geben.*

(„Babel und Bibel" pag. 78)

So kamen also nur sehr wenig Glückliche nach Dschinnistan hinauf. Darum blieb es selbst da oben dunkel. Sitara wurde nicht gesehen. Bis es Marah Durimeh, der damals zwar noch jungen, aber thatkräftigen Menschheitsseele gelang, dem Herrschergeschlecht von Ardistan einen Theil dieser grausamen Rechte und Gewohnheiten abzutrotzen. Von dieser Zeit an mehrte sich die Zahl Derer, die aus der Schmiede entkamen. Sie stiegen empor. Sie waren im Feuer geglüht. Sie glühten noch. Sie leuchteten. Sitara wurde gesehen. Gesehen zum ersten Male, als im Osten der Befehl des Herrn erscholl: „Gehe aus Deinem Lande und aus Deiner Verwandtschaft 2c. 2c. 2c. 2c.". Gesehen zum zweiten Male, als auf dem Sinai die Stimme des Höchsten erscholl: „Ich bin der Herr, Dein Gott. Du sollst keine fremden Götter neben mir haben!" Von / **14** / dieser Zeit an sah man Sitara in immer kürzeren Zwischenräumen am Himmel erscheinen, wenn Großes geschah oder verkündet wurde. Aber immer verschwand der Stern sehr bald darauf. Am klarsten und am längsten leuchtete er von jener Nacht an, in welcher die himmlischen Heerschaaren ihr „Ehre sei Gott in der Höhe, und Friede auf Erden!" erklingen ließen. Und wer von Bethlehem aus des Abends zur rechten Zeit und mit dem rechten Worte das freie Feld betritt, der kann noch heut Sitara am Himmel stehen sehen und das Chor der Engel erklingen hören: **„Gloria in excelsis deo, et in terra pax!"**

— — — — — — — — — — — — — — — —

Das ist das Märchen, welches ich nicht in seinem ausführlichen Wortlaut erzähle, weil dies zu viel Zeit in Anspruch nehmen würde. Bevor ich zu seiner Bedeutung und zu seiner Nutzanwendung übergehe, habe ich auf den Zusammenhang meines vorhin gesungenen Ave Maria mit diesem Märchen hinzuweisen.

„Es will das Licht des Tages scheiden (4 Zeilen)"
behandelt das alltägliche, materielle Leid von Ardistan. Möchte es doch so vergangen sein, wie der heutige Tag vergangen ist, der allerdings schon morgen wiederkehrt. / **15** / So mag auch das Leid wiederkehren. Aber für heut, für heut wollen wir es los sein!

„Es will das Licht des Glaubens scheiden (4 Zeilen)".
Das ist der Kampf in Märdistan. Der innere Kampf um den einzigen und den wahren Weg aus dem Tieflande hinauf nach Dschinnistan.

„Es will das Licht des Lebens scheiden (4 Zeilen)"
Das ist der Sieg über die Niedrigkeit von Ardistan und über die Qual von Märdistan. Der Aufstieg zu jenen Bergen, von denen der Psalmist singt: „Ich schlage meine Augen auf zu den Bergen, von denen mir Hülfe kommt."

Der Schluß des Märchens weist auf das offene Feld von Bethlehem, auf die heilige Adventszeit, in der wir uns jetzt befinden, und auf die „Weihnachtsglok-ken", die am Schlusse meines Vortrages aus dem Munde unserer Herren Sänger erklingen werden.

Ich wiederhole: Das ist mein Märchen. Ich habe es Ihnen gebracht, damit Sie es kennen lernen möchten. Und kaum ist dies geschehen, so bin ich überzeugt, daß Sie ebenso wie jene Leute, von denen ich erzählte, sagen werden:

„Das ist ja gar kein Märchen, sondern das ist Wahr- / **16** / heit, tiefe, innerliche Wahrheit, die ein Jeder, der nachzudenken vermag, wohl anerkennen muß!"

Und Sie haben Recht. Welcher Stern hat einen Durchmesser von 1700 Meilen? Die Erde! Einen Umfang von 5400 Meilen? Die Erde! Eine Umlaufszeit um die Sonne von 365 Tagen? Die Erde! 24 Stunden Umlaufszeit um sich selbst? Die Erde! Auf welchen Stern stoßen wir, wenn wir, von dem jetzigen Augenblicke an genau 3 Monate lang auf die Sonne zugehen und dann noch 3 Monate lang in derselben Richtung über die Sonne hinaus? Auf die Erde! Denn sie hat bis dahin genau einen halben Umlauf gemacht und steht dem Punkte, an dem wir uns jetzt befinden, grad gegenüber! Sitara ist also nichts Anderes als unsere Erde. Aber nicht astronomisch oder geographisch, sondern mit dem Auge des Märchens

45

betrachtet. Nicht von unserer irdischen Weisheit, sondern mit dem Auge der himmlischen Wahrheit betrachtet, die an den Sternenstrahlen niedersteigt und tiefer schaut als jedes andere Auge!

Für dieses höhere Auge gruppiren sich die Festlande unserer Erde ganz anders, als wie es uns unsere / **17** / geographischen Karten zeigen. Da giebt es kein Amerika, kein Europa, Asien, Afrika und Australien. Sondern da giebt es nur, das Hochland Dschinnistan, das Tiefland Ardistan, und zwischen diesen beiden das Land der Erdenqual und des Erdenleides, Märdistan, mit der Geisterschmiede im Walde von Kulub. Und da giebt es in Wirklichkeit die beiden Gesetze, von denen ich erzählte. In Ardistan: „Du sollst der Teufel Deines Nächsten sein, damit Du Dir selbst zum Engel werdest." In Dschinnistan: „Du sollst der Schutzengel Deines nächsten sein, damit Du Dir nicht selbst zum Teufel werdest." Bitte, schütteln Sie nicht die Köpfe! Zweifeln Sie nicht daran, daß es diese Gesetze giebt! Sie sind da! Und nicht nur das, sondern sie werden auch befolgt. Schauen Sie in die Weltgeschichte, in das Leben der Völker, der Staaten, der Gemeinden, der Familien, der Einzelmenschen, so werden Sie oft und oft diese Beiden sehen: den Engel und leider, leider auch den Teufel!

Auch die beiden Umdrehungen stimmen: um sich selbst und um die Sonne. Im tiefen, dunkeln Ardistan dreht sich Jeder und Alles um sich selbst, um das / **18** / unersättliche eigene Ich, um die eigene Person, um den eigenen Vortheil, den eigenen Nutzen, den eigenen Jammer und die eigene Lust. Im hochgelegenen, hellen warmen Ardistan aber wandelt Jedermann um einen allgemeinen, Leben spendenden, beglückenden und beseligenden Mittelpunkt. Nennen Sie diesen Mittelpunkt, wie Sie wollen; er ist von Ewigkeit her gewesen; er ist noch heut vorhanden, und er wird niemals vergehen; er bleibt!

Da droben, wo sich Alles um diese Sonne bewegt, hat einst das Paradies gestanden, der Garten Eden, von dem die heiligste aller Schriften erzählt. Da wendete sich der Mensch von diesem Mittelpunkte ab. Es gelüstete ihn, selbst Mittelpunkt zu sein. Die Bibel sagt: „Er wollte sein wie die Götter!" Oder wie Jesaias 13/14 u. 13/14 geschrieben steht: „Zum Himmel werde ich aufsteigen! Meinen Thron setze ich über Gottes Sterne! Dem Höchsten will ich gleich sein!" Da ging ihm das Paradies verloren. Er flog hinab nach Ardistan und ist nun dort, was er so heiß erwünschte, zu sein, nämlich Mittelpunkt. Aber nur sein eigener Mittelpunkt, um dem sich Nichts und / **19** / Niemand dreht als nur er allein, nur er! Das ist das ewige, unerschütterliche Gesetz der göttlichen Gerechtigkeit, das ein Jeder genau mit dem bestraft wird, womit er sündigte. Doch zürnt der Herr nicht ewig. Der Gefallene soll sich wieder heben, soll zurückkehren dürfen, aber nur durch eigenes Wollen und nur durch eigenes Können. Das Paradies war einst ein unverdientes Geschenk; nun soll er es sich verdienen, zurückverdienen. Womit? Vor allen Dingen hat er sich von seiner Bewegung um sich selbst loszureißen, also jedem Egoismus zu entsagen. Und er hat nach aufwärts zu streben, um sich der großen Bewegung um die Sonne wieder beizugesellen. Mit andern Worten: Er war einst Edelmensch und soll es wieder werden. Aber der Weg vom niedrigen zum höheren Menschenthume, vom Ardistanmenschen zum Edelmenschen ist schwer. Er führt durch Märdistan, durch das Land der Qual, und durch die Geisterschmiede von Kulub. Kann keiner der Engel des Paradieses herniedersteigen, um ihm eine Hand der Hülfe zu bieten?

O doch! Gewiß, gewiß! Dieser Engel braucht gar nicht erst niederzusteigen. Er ist schon da. Nur fehlt / **20** / uns kurzsichtigen Menschen der scharfe Blick, ihn zu sehen. Wenn Gott, der Allgütige und Allweise straft, legt er der Strafe gleich die

Gnade bei. In demselben Augenblicke, an dem er nach dem Menschen fragte, um ihm das Paradies zu verbieten, schuf er den Engel, welcher den Befehl erhielt, den Verstoßenen zu begleiten, um ihn durch das Dunkel von Ardistan und das Leid von Märdistan wieder auf- und zurückzuführen. Ich meine den Engel der großen, unausgesetzt nach Erlösung strebenden, aber auch noch heute nicht gelösten „Menschheitsfrage".

*„Gott sah Alles, was er gemacht hatte; es war <u>sehr gut</u>," sagt die heilige Schrift. „Sehr gut" war vor allen Dingen auch das höchste, das edelste aller Geschöpfe, der Mensch, der <u>Edelmensch</u>. Adam wurde er genannt, dieser Edelmensch. Adam heißt Mensch. Sobald dieser Mensch gesündigt hatte, ertönte Gottes Stimme durch das Paradies: „Adam, wo bist Du?" Mensch, wo bist Du? Wie steht es mit Deiner Edelmenschlichkeit, durch welche ich Dich nicht nur über alle andern Geschöpfe erhob, sondern sogar auch über Dich selbst und über den Erdenstoff, aus dem ich Dich bereitete?" Indem Gott diese / **21** / Frage aussprach, schuf er die „Menschheitsfrage". Er verlieh ihr Engelskraft und Engelstreue. Seit jener letzten Paradiesesstunde ist die Menschheitsfrage nicht wieder von der Menschheit gewichen. Sie wird auch bis zur einstigen wieder ersten Paradiesesstunde nicht von ihr weichen. Sie hat Adam und Eva aus dem Garten Eden begleitet. Sie ist mit Noah in der Arche gewesen. Sie hat bei den Mauern des babylonischen Thurmes, der Pyramiden, der indischen Tempel, der mexikanischen Theokalli, des Tempels von Jerusalem, der Peterskirche in Rom gestanden. Sie hat die Heere gesehen, mit denen die Babylonier, die Assyrer, die Perser, die Macedonier, die Griechen, die Römer, die Punier ihre Schlachten schlugen. Sie hat geweint, als Jerusalem in Flammen unterging. Sie hat den Aufgang und den Niedergang der Nationen begleitet. Sie sah Herrschergeschlechter entstehen und vergehen. Sie hat Cyrus, Alexander den Großen, Cäsar, Attila, Dschingis-Kahn, Peter den Großen und Napoleon gekannt. Sie war dabei, als das Knäblein Moses im Nil gefunden wurde. Sie hörte Davids Harfe erklingen. Sie war Zeugin als Christus / **22** / die Armen im Geiste, die Sanftmüthigen, die Barmherzigen und die Friedsamen selig prieß. Sie ist mit der Menschheit durch die verflossenen Jahrtausende bis herauf in die Gegenwart gegangen, und immer und immer hat sie warnend, mahnend und aufmunternd gefragt: „Mensch, wo bist Du? Wie steht es mit Deiner Edelmenschlichkeit? So ist sie an der Spitze der Menschheit ununterbrochen emporgeschritten, aus Ardistan hinaus, nach Märdistan, nach der Geisterschmiede, hat tausende und abertausende ihrer Schützlinge in dieser Schmiede leiden und sterben sehen, sich selbst aber mit den abgeklärtesten von ihnen durch alles Leid und alle Qual hindurchgerungen, bis zu den Bergen von Dschinnistan hinauf.*

*Diese Menschheitsfrage geht Hand in Hand mit Marah Durimeh, meiner Menschheitsseele. Kenne ich die Eine, so kenne ich auch die Andere. Und ich muß sie wohl Beide kennen, denn ich habe sie ja Beide in meinen Werken personificirt: die Eine durch die alte kurdische Königstochter, die ich als Ruh-i-Kulian in der nächtlich dunkeln Höhle des Berges kennen lernte, und die Andere durch mein eigenes Ich, wel- / **23** / ches ich ihr zur Verfügung stellte mit Allem, was damit in Verbindung steht.*

Hiermit kommen wir auf meine schriftstellerische Thätigkeit, auf meine Bücher, meine Werke zu sprechen. Ich habe weder genug Zeit noch Selbstgefälligkeit genug, mich ausführlich hierüber zu verbreiten. Wer mich liest, und zwar aufmerksam liest, der weiß auch ohnedies, was ich bezwecke und erstrebe.

Auch ich stamme aus dem niedrigen Ardistan. Ich wurde als ein Kind der bittersten Armuth, der nagenden Sorge geboren. Mein Vater war Weber. Der

Vater meines Vaters war im Winter im tiefen Schnee des Waldes verhungert und erfroren. Auch der Vater meiner Mutter war tödtlich verunglückt. Den Großvater meines Vaters hatte ein Schlaganfall gelähmt. Er war viele Jahre lang an seinen Stuhl gebunden gewesen und dann in diesem Stuhle gestorben. Die Mutter meines Vaters, also meine Großmutter, hatte kurz nach der Geburt meines Vaters drei Tage lang am Starrkrampf im Sarg gelegen, bis man, als der Sarg geschlossen werden sollte, entdeckte, daß sie nicht todt war, sondern noch lebte. Ich selbst / 24 / war blind. Ich lernte erst als fünfjähriger Knabe sehen. Man sieht, ich hatte sehr wohl Grund, mich aus dem traurigen Ardistan hinauf nach Dschinnistan zu sehnen. Dieser Wunsch wurde mir erfüllt. Doch von meiner Wanderung durch Märdistan, dem Leidensland, und von meiner Qual in der Geisterschmiede will ich hier nicht reden.

Aber die Vorfahren meiner Eltern waren in bessern Verhältnissen gewesen. Es gab einen Seekapitain unter ihnen, der weite Reisen gemacht hatte. Auch einen verdienten Theologen und mehrere Aerzte und Gelehrte, von denen einer im Oriente gewesen war, um ihn zu studieren. Der Theolog hatte ein uraltes Bilderbuch der Bibel hinterlassen, der Arzt ein ebenso altes Kräuterbuch mit Abbildungen und der Orientalist eine Menge von orientalischen Märchen, unter denen sich auch das Märchen von Sitara und Marah Durimeh, der Menschheitsseele, befand. Diese Märchen erzählte mir die Großmutter, als ich noch blind war. Ich wurde dadurch seelisch sehend, noch ehe ich es körperlich wurde. Dann, als ich sehen konnte, fiel ich mit Eifer über die Bilder- / 25 / bibel her. Sie hat meinem innern Leben Richtung gegeben. Heut bin ich fast 70 Jahre alt; aber es hat in diesen 70 Jahren keinen einzigen Augenblick gegeben, an dem es mir eingefallen wäre, an meinem Herrgott und an der Ewigkeit zu zweifeln. Das alte Kräuterbuch von Matthioli, gedruckt zu Frankfurt a. M. im Jahre 1600, zählte die Namen der Pflanzen in verschiedenen Sprachen auf, sogar arabisch. Das machte mich frühzeitig zum Thier- und Pflanzenfreund und ist in mancher Beziehung richtunggebend für meine spätere Thätigkeit gewesen.

Ueber das Alles aber gingen mir die Märchen. Sie haben mich niemals wieder losgelassen, nie! Großmutter war Meisterin, sie zu erzählen. Dann saß ich mit andern Knaben in der Dämmerung unter dem großen Kirchenthor und erzählte ihnen wieder, was die Ahne mir berichtet hatte. Wenn mich damals Jemand fragte, was ich werden wolle, so antwortete ich: „So ein Märchenerzähler wie ein arabischer Hakawati, oder gar so einer, wie meine Großmutter ist!" Nun, ich denke, ich bin es geworden. Ich erzähle auch heut noch am liebsten „orientalische" Märchen, seien sie nun aus / 26 / dem asiatischen, afrikanischen, amerikanischen, europäischen, oder gar – – – deutschen Orient! Meine Leser werden wissen, wie ich das meine, ob scherzhaft oder ernsthaft, bleibt sich gleich.

Nämlich das Märchen von Sitara und Marah Durimeh zieht sich durch Alles, was ich schreibe und durch alle meine Bücher, die ich bisher veröffentlicht habe. Denn ich habe es mir zur Aufgabe gestellt, meine Leser von Ardistan hinauf nach Dschinnistan zu führen, doch ohne Kampf und ohne Schmerz und Qual. Sie sollen schon Edelmenschen sein, noch ehe ich mit ihnen an die Geisterschmiede gelange. Dann ist es nicht nöthig, daß man sie im Feuer glüht und auf den Ambos legt, um so lange auf sie loszuhämmern, bis alle Schlacken davongeflogen sind. Ein Edelmensch hat weder Märdistan noch die Schmiede von Kulub zu fürchten, also weder die Anstrengungen noch die Leiden des schweren Weges. Darum versuche ich es in meinen Büchern vor allen Dingen, sie von der immerwährenden Bewegung um sich selbst hinwegzubringen und zu der großen, beglückenden

*Bewegung um die Sonne Gottes hinzuleiten. I reiße sie von ihrem eigenen Ich hinweg. Ich führe sie in die / **27** / Ferne, in fremde Länder. Ich lehre sie fremde Menschen kennen, die es werth sind, geachtet und geliebt zu werden.*

Die Wiedergabe von Karl Mays Handschrift erfolgte zeichengetreu mit allen Fehlern und Irrtümern. So steht im Original auf S. 5 oben „gebürt" statt „gebührt", gleich darauf zweimal *„Fremden"* anstelle von „Fremde" oder „einen Fremden". Auch ist die Interpunktion vielfach unkorrekt; manchmal sind die Satzzeichen verkehrt, manchmal fehlen sie ganz. Auf S. 8 steht *„Wage"* statt „Waage", S. 10 unten steht *„selisch"* statt „seelisch", auf S. 11 *„wirlich"* statt „wirklich". S. 17, Mitte schreibt May *„Deines nächsten"* mit kleinem Anfangsbuchstaben, und S. 18, Zeile 4 steht ein sinnentstellender Fehler: *„Ardistan"* – richtig ist natürlich „Dschinnistan". S. 21, unten findet sich *„Dschingis-Kahn"* statt „Dschingis-Khan", S. 22, oben *„prieß"* anstelle von „pries". Das *„I"* statt „Ich" in der vorletzten Zeile von S. 26 zeigt die große Unrast, von der der gehetzte Dichter verfolgt wurde; ähnliches gilt für den Bibel-Hinweis (S. 18, Zeile 7 v. u.) *„Jesaias* ^{13}/*14 u.* ^{13}/*14"* – die zweite Angabe müßte „^{14}/14" lauten, denn May bezieht sich auf den 13. und 14. Vers des 14. Kapitels bei Jesaias. – Der Hinweis auf S. 13 endlich – (*„Babel und Bibel" pag 78*) – betrifft jene Stelle aus Mays Drama, die er auch gegen Ende des Einleitungskapitels seiner Selbstbiographie „Mein Leben und Streben" zitiert, also die Schilderung der Geisterschmiede durch den Scheik der Todeskarawane.

Neben dem hier wiedergegebenen umfangreichen Vortragstext blieb eine weitere Handschrift erhalten, welche thematisch und zum Teil sogar wörtlich mit dem Wortlaut für den Vortrag übereinstimmt. Bei näherer Betrachtung stellt sich heraus, daß Karl May diesen zweiten, kürzeren Text eigens für die Presse zusammengestellt hat: für die „Augsburger Postzeitung", um dem Rezensenten der Veranstaltung vom Abend des 8. Dezember 1909 die Erläuterung der teilweise doch komplizierten Zusammenhänge des „Märchens von Sitara" zu ermöglichen, wenigstens aber zu erleichtern. Vor der Faksimile-Wiedergabe auch dieser zweiten Handschrift – sie besteht aus 7 einseitig beschriebenen Blättern mit dem Format 14,3 × 22,4 cm, die vollen Seiten umfassen jeweils 23, die letzte nur 6 Textzeilen – sollen jedoch noch ein paar weitere Unterlagen zum Augsburger Vortrag dargestellt werden.

Einige Zeitungsartikel, die Karl May wohl mehr im allgemeinen beschäftigt haben dürften, aber nicht in wirklicher Verbindung mit seinem „Sitara"-Vortrag stehen, lagen in einem von ihm außen mit dem Hinweis *„Vortrag"* versehenen Aktendeckel. Es handelt sich um die Aufsätze

(1) „Japan, Amerika und der Weltfriede" (Anläßlich der Ausreise der amerikanischen Flotte) verfaßt von Graf Taisuke Itagaki, Mitglied des japanischen Herrenhauses, Dresdner Anzeiger vom 2. Januar 1908,

(2) „Der sozialen Frage neues Gesicht.", ohne Verfasserangabe; Sächsische Volkszeitung vom 31. Juli 1908,

(3) „Ueber die große Weltentscheidung 1909", ohne Verfasserangabe; St. Heinrichs-Blatt, Bamberg, von Sonntag, 4. Juli 1909; in diesem Artikel wird über eine geschichtliche Betrachtung des Wiener Kulturhistorikers Richard von Kralik berichtet, die sich mit der Orientkrise jener Tage befaßt.

Ferner lag noch eine vierte Drucksache dabei, ein vervielfältigter „Aufruf der Deutschen Friedensgesellschaft an Ökonomen und Grundbesitzer", Stuttgart 1903, worin zur Abrüstung gemahnt wird.

In dem gleichen Aktendeckel befanden sich außerdem fünf Zettel mit handschriftlichen Notizen Mays, die einen echten Zusammenhang mit seiner Augsburger Rede erkennen lassen; ihre Entzifferung ist teilweise nur mit allergrößter Mühe möglich.

Vortrag: Schwarz ist nicht Schwarz / und weiß nicht weiß. / Sternenlicht.

Sitara, das Land des Edelmenschen.
In Dschinnistan muß Jeder der Schutzengel eines Menschen sein.

Da kommt d. Geist und schlägt die Seele todt. Das ist der tiefe Sinn des ersten Brudermordes. Wie schwer es ist, die Seele wieder zu erwecken, das wissen nur die, welche im Dienste der Religion stehen und verpflichtet sind, diese Seele wieder zu erwecken, dem Geiste diesen Todtschlag zu verzeihen und ihn durch sie empor zu Gott zu führen.

Die Wissenschaft an sich ist ja doch immer und stets materiell. / Licht. Bewegung. Wärme.

Thalheimstraße 13. / Zeig mir den Weg! Ich will ihn freudig wandeln etc. / (Vortrag) / „Dort oben kann kein Zweifel walten, / Wie hier in Wissenschaft und Schrift, / Dort darf d. Geist sich frei entfalten, / Bis er etc. etc. / Also: Hinauf, um die Erde als Sitara, als Sternenland zu sehen!

(Das Haus Thalheimstraße Nr. 13 in Radebeul liegt nur wenige hundert Meter von Mays Villa „Shatterhand" entfernt.)

———————

Der zweite der beiden längeren Texte, die May für seinen Augsburger Vortrag zu Papier brachte, hat den folgenden Wortlaut.

Vortrag.

Sitara, das Land der Menschheitsseele,

ein orientalisches Märchen.

Wenn man von der Erde aus drei Monate lang gerade nach der Sonne geht und dann weiter in derselben Richtung drei Monate lang noch über die Sonne hinaus, kommt man an einen Stern, der Sitara heißt und von größter Wichtigkeit für die Bewohner der Erde ist. Sein Durchmesser beträgt ca. 1700 Meilen, sein Umfang 5400 Meilen. Er bewegt sich täglich einmal um sich selbst und jährlich einmal um die Sonne. Seine Oberfläche besteht zu einem Viertel aus Land und zu zwei Vierteln aus Wasser. Das Festland gruppiert sich nach der Verschiedenheit seiner Höhenlage in das niedrige Tiefland Ardistan und das hochgelegene Dschinnistan, welche beide durch das nach und nach ansteigende Märdistan mit einander verbunden werden. Ard heißt Erde, heißt niederer Stoff. Dschinn heißt Geist, heißt Seele, heißt höheres Wesen. Märd heißt Mann, heißt Über-

vorder- und Willensmensch, der nach oben strebt, mag es kosten, was es will. Ardistan ist also das Land der Menschen, der Niedrigen, Dschinnistan das Land

4.

denkt nach! Und wer nach Ihrer Berechtigung
fragt, dem sage ich nur; ich heiße Ihr will.
Kommen!"

Das ist das Menschen der Dichtung. Das ist
die Menschheitsseele. Und das ist die Menschheitsfrage. Dichtung ist selbstverständlich die Erde;
doch nicht mit dem Auge des Tagmensch, sondern
mit dem Auge des Menschen gesehen. Aber die
große, innere Wahrheit dieses Menschen kann
der kleinen tagmenschlichen Wirklichkeit niemals
überlassen werden. Die ethische Einteilung
des Menschen reicht in Erdischem, Menschlichem und
Schönmenschen ist unbestreitbar richtig. Jedes

5.

Land, jedes Volk, überhaupt jedes Gesamt- und
jedes Einzelwesen trägt sein Höchstes und sein
Tiefstes in sich selbst. Jeder Mensch hat auch seinen niedrigen Erdischen nach seinem hohen Schönmenschen emporzusteigen und trägt in der Tiefe seines Herzens die Sehnsucht von Trieb, in
deren Gral er gefangen und gebunden wird,
um Erlösung zu werden.

Genau dasselbe ist mit der Menschheit im Allgemeinen der Fall. Die Geschichte ihrer Entwi-
ckelung beginnt tief unten in Erdischem, sieht
sich der Läuterung über Menschlichen und die

...freunden und soll doch eben im
Schönsten ihren glücklichen Abschluß finden.
Hierbei tritt die große Menschheitsfragen, was
mit den Schwachen werden soll, die aus eigener
Kraft nicht steigen können, immer deutlicher
und immer verhüllter hervor. Bekanntlich hat
Karl Marx der Lösung dieser Menschheitsfragen
seine ganze schriftstellerische Thätigkeit gewidmet. Alles, was er bisher geschrieben hat,
ist darauf gerichtet, diese Fragen zu beantworten. Er hat sogar noch mehr gethan: er hat ihr

6.

seine ganze Persönlichkeit, sein eigenes „Ich"
zur Verfügung gestellt. Er hat es sich zu Liebe
gemacht, Ich=Beziehungen zu schreiben, ohne ohne
mit diesem „Ich" sich selbst, sondern eben nur
diese Menschheitsfragen zu meinen. Er hat das
Ideal seines „Edelmenschen" in diesen „Ich" verkörpert, ohne sich zu fürchten und ohne nach den
Sohn und nach den Gott jenen „Unternmenschen"
zu achten, die einen so erbärmliche Rücksicht
werden ... nach literarisch bezeichnen können. Der Leser seiner Bücher soll vor allen
Dingen die Wahrheit des „Menschen der Zukunft"
vernehmen können. Er soll lernen, sich nicht mehr
nur allein um sich selbst zu sehen, sondern nur
vor zu steigen zur großen Redaktion um die

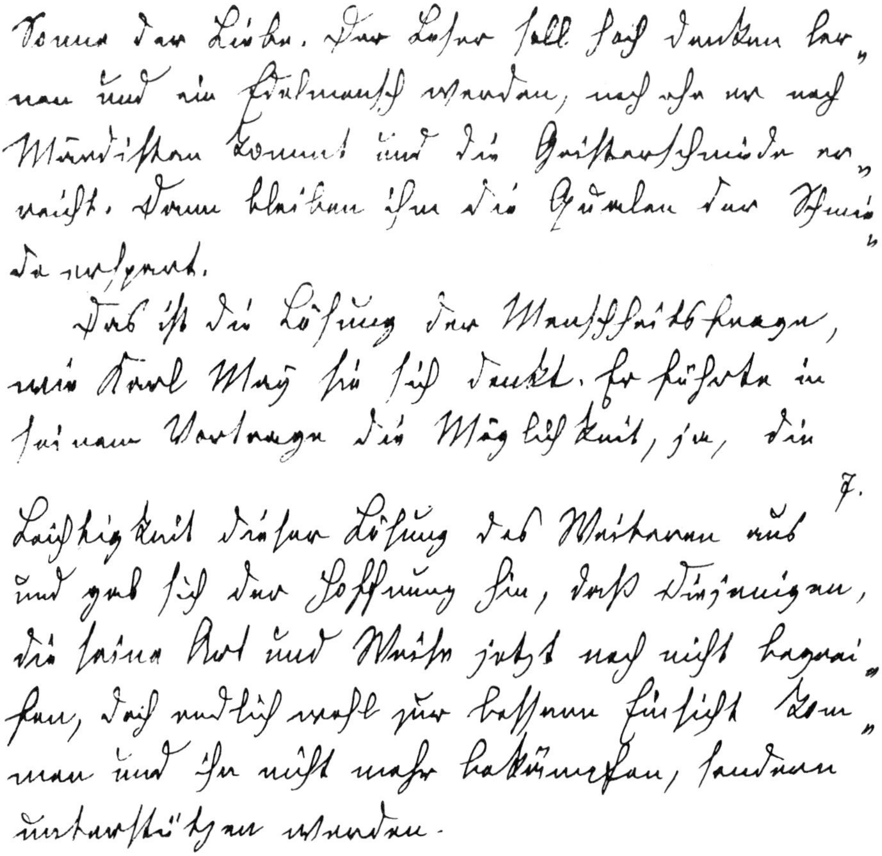
Sonne der Liebe. Der Leser soll sich denken lernen und ein Edelmensch werden, noch ehe er nach Märdistan kommt und die Geisterschmiede erreicht. Dann bleiben ihm die Qualen der Schmiede erspart.

Das ist die Lösung der Menschheitsfrage, wie Karl May sie sich denkt. Er führte in seinem Vortrage die Möglichkeit, ja, die 7. Leichtigkeit dieser Lösung des Weiteren aus und gab sich der Hoffnung hin, daß Diejenigen, die seine Not und Mühe jetzt noch nicht begreifen, doch endlich wohl zur besseren Einsicht kommen und ihn nicht mehr bekümmern, sondern unterstützen werden.

Wie bereits auf S. 49 erwähnt, war dieser Informationstext für jenen Rezensenten bestimmt, der für die „Augsburger Postzeitung" über Karl Mays Vortrag berichten sollte. Nun liegt es zwar nahe anzunehmen, daß Dr. Hans Rost diese Aufgabe persönlich übernommen habe, jedoch sprechen gewichtige Gründe gegen diese Vermutung. Zum einen ist der Bericht, den das Blatt in seiner Ausgabe Nr. 280 vom 10. Dezember 1909 auf Seite 11/12 den Lesern anbot, allein schon vom Stil her gar zu untypisch für diesen Redakteur – es gibt immer wieder Superlative, die Hans Rost nicht gebraucht hätte, insbesondere aber Ausdrücke, die dem gebürtigen Bamberger ganz und gar nicht eigen waren; schwerer jedoch wiegt die Tatsache, daß Dr. Hans Rost bereits damals im Verein „Laetitia" nicht nur Mitglied war, sondern obendrein dem Vorstand angehörte – und unter dieser Voraussetzung erscheint eine solche Berichterstattung „in eigener Sache" doch höchst unglaubhaft. Das dem Artikeldatum beigegebene Dreieck (vgl. die folgende Seite oben) weist zwar mit großer Wahrscheinlichkeit auf das Zeichen eines Redaktionsmitgliedes hin, doch ist es heute leider nicht mehr möglich festzustellen, welcher der Mitarbeiter der „Augsburger Postzeitung" damit gekennzeichnet wurde.

Auf den Seiten 58–61 wird der Postzeitungsartikel wort- und zeichengetreu wiedergegeben, und zwar in Form von Neusatz, weil sich die Originalvorlage aus Altersgründen leider als nicht mehr reproduktionsfähig erwies. – Über die Abweichungen gegenüber der Handschrift Karl Mays für den Mittelteil vgl. S. 61.

Karl May in Augsburg.

△ Augsburg, 9. Dezember 09.

Unsere Stadt ist um eine Sensation reicher; nicht um eine rohe, sondern um eine edle. Ein literarisches Ereignis seltenster Art haben wir hinter uns. Karl May hat gesprochen. Die glühende Sehnsucht tausender von Lesern und Leserinnen, denjenigen einmal von Angesicht zu Angesicht schauen zu dürfen, der ihnen durch seine gierig gelesenen Schriften so manche Stunde verschönt, der ihre jugendliche Phantasie so reich und seltsam befruchtet hat und der – einmal richtig gelesen und verstanden – vielen der treueste und anregendste literarische Begleiter im ruhelosen, wilden Lebenskampf geworden ist, diese Sehnsucht, sie wurde am gestrigen Abend gestillt. Alle Gesellschaftskreise scharten sich um den heißumstrittenen Mann. Das hohe Alter, das den Entwicklungsgang Karl Mays in seinen Schriften miterleben durfte, es war fast ebenso zahlreich vertreten wie die reifere Jugend, die sich an ihm ständig, wenn auch halb unbewußt bildet. Die junge begeisterte Welt verschlang förmlich jedes Wort, das aus dem Munde ihres in frühesten Jahren vergötterten Helden perlte, leuchtenden Auges saßen diese ehrlichsten Karl May-Verehrer da, und ihre Blicke bohrten sich hinein in die vielgeliebte, vielbesprochene Gestalt, um die schon manch ein wildstürmender Feuerkopf in grenzenloser Wertschätzung seiner Werke die Gloriole gewunden, um sie in vorgeschrittenem Alter unüberlegt wieder herunterzureißen, obwohl gerade die reiferen Leser, die durch die schillernde Schale vorgedrungen sind zum saftvollen Kern seiner Werke, es hauptsächlich sein sollen, die nicht müde werden, sein gerechtes Lob zu verkünden und den Strahlenglanz über seinem Haupte zu verdichten. Augsburg kann den nicht unbedeutenden Ruhm für sich in Anspruch nehmen, diejenige Stadt zu sein, mit der Karl May neben seiner sächsischen Heimat aufs engste verbunden ist. Damals, als seine Feinde mit den giftigsten Waffen gegen seinen beginnenden Ruhm als Schriftsteller zu Felde zogen, da erscholl von Augsburg aus der Friedensruf: Lernt sie erst einmal kennen, seine ureigenste, schriftstellerische Absicht, macht euch aufs innigste vertraut, mit seinen hohen erhabenen Zielen, mit seinem aufrichtigen Bestreben, die Menschheit zu adeln, sie herauszureißen aus der Erdenniedrigkeit, um mit ihr emporzusteigen in lichte Höhen! Als sich dann die literarischen Wogen geglättet hatten und die professionellen Nörgler verstummten, als Karl May's eigenartiges, hehres Schaffen seinen wahren Werten nach gewürdigt und geschätzt wurde, als er nicht zuletzt auch durch die Vermittlung begeisterter Augsburger Freunde zu einem Schriftstellerruhme gelangte, der die ganze Welt erfüllt, da kehrt der Vielgefeierte in Augsburg ein und legt ein literarisches Bekenntnis ab, das geeignet ist, auch den letzten Zweifel an der grundehrlichen Absicht, an der Erhabenheit, von der er sich in seinem fruchtbaren Schaffen leiten läßt, und an seinem vorbildlichen Künstlertum aus der Welt zu schaffen. Er gewährte uns Einsicht in jede Falte seines großen Fühlens und Denkens, er predigte uns seine Ideale, für die er sein ganzes Sinnen und Trachten geopfert hat und für die er focht, furchtlos und treu, sein Leben lang. Die gequälte Menschheit dem reinen Glück entgegenzuführen, sie zu Edelmenschen, zu Christusmenschen zu adeln, das war die „verderbliche Absicht", die ihm von seinen bittersten Feinden zur Last gelegt wurde, nein nicht die verderbliche, das war die edelste, selbstloseste

Absicht, für die er ein Menschenalter hindurch im hitzigsten Literaturkampfe stand, aus dem er endlich doch als lorbeerbekränzter Sieger hervorgehen soll. Und wer Gelegenheit hatte, seinem hohen, sanften Gedankenflug folgen zu dürfen, den er gestern vor der breitesten Oeffentlichkeit unternahm, der wird sich der Einsicht nicht verschließen können: Karl May's Schriften sind weit, weit davon entfernt, fesselnde, verführerische Pennälerliteratur zu sein, für die ein belesener Tertianer gerade noch ein mitleidiges Lächeln übrighaben kann, Karl Mays Schriften sind vielmehr dazu bestimmt, der Jugend, der gereiften Menschheit und den gebildetsten Ständen als H e r z e n s b i l d n e r zu dienen, ihnen als treuhelfender Berater im heißen Ringen und Suchen nach dem „Höhenlande" zur Seite zu stehen, Adelsmenschen zu schaffen aus jenen Kreaturen, die im „Tiefland" geboren sind und den trotzigen Mut besitzen, die „Geisterschmiede" aufzusuchen, wo sie gehämmert abgeschliffen werden, bis sie eingehen können ins Reich der Edelmenschen. Die lauterste Absicht, ein geklärtes Künstlertum durchweht segenbringend Mays Schriften, die bald, recht bald Gemeingut des deutschen Volkes, aller Stände und jeden Alters werden mögen.

Der Schießgrabensaal dürfte wohl seit dem Vortrag des Jesuitenpaters Waßmann nicht mehr dieses Bild gezeigt haben, wie es der gestrige Abend bot. Kopf an Kopf füllte die begeisterte Menge den Saal – das angrenzende Café mußte sogar geräumt und für die Veranstaltung zur Verfügung gestellt werden –, sogar von München kamen seine Verehrer herbei. Mit einem Veilchenstrauß in der Hand betrat der ungestüm Erwartete das Podium, mit tosendem Beifall begrüßt, der kein Ende nehmen wollte, empfangen. Nach herzlichen Dankesworten und einer wunderbar sinnigen Definition des Märchens, das May als die höchste Kunstform überhaupt einschätzt, trug Redner sein orientalisches Märchen „S i t a r a , d a s L a n d d e r M e n s c h h e i t s s e e l e" vor, an das er geistreiche, in glitzerndes, poetisches Gewand gehüllte Nutzanwendungen knüpfte. Er sprach ungefähr also:

Wenn man von der Erde aus drei Monate lang grad nach der Sonne geht und dann genau in derselben Richtung drei Monate noch über die Sonne hinaus, kommt man an einen Stern, der Sitara heißt und von größter Wichtigkeit für die Bewohner der Erde ist. Sein Durchmesser beträgt ca. 1700 Meilen, sein Umfang 5400 Meilen. Er bewegt sich täglich einmal um sich selbst und jährlich einmal um die Sonne. Seine Oberfläche besteht zu einem Teile aus Land und zu zwei Teilen aus Wasser. Das Festland gruppiert sich nach der Verschiedenheit seiner Höhenlage in das niedere Tiefland Ardistan und das hochgelegene Dschinnistan, welche beide durch das nach und nach ansteigende Märdistan mit einander verbunden werden. Ard heißt Erde, heißt unedler Stoff; Dschinn heißt Geist, heißt Seele, heißt höheres Wesen. Märd heißt Mann, heißt Charakter- und Willensmensch, der nach oben strebt, mag es kosten, was es will. Ardistan ist also das Land der Unedlen, der Niedrigen. Dschinnistan das Land der Edlen, der Hohen. Wer aus der Tiefe nach der Höhe strebt, muß unbedingt durch Märdistan, denn es gibt keinen anderen Weg. In Märdistan aber liegt die entsetzliche „Geisterschmiede" von Kulub, in der jedermann, der nach oben will, gehämmert wird, bis er rein von Schlacken ist. Der Oberschmied ist der Schmerz.

Der Herrscher von Dschinnistan regiert nach dem einen großen Gesetz: „Du sollst der Engel Deines Nächsten sein, damit du nicht dein eigener Teufel werdest!" Der Herrscher von Ardistan aber kommandiert nur nach dem einen gegenteiligen Gesetz: „Du sollst der Teufel deiner Nächsten sein, damit du dir zum Engel werdest!" Hoch über beiden aber tront Marah Dürimeh, die herrliche

Menschenseele, und waltet nur nach dem einen vernünftigen Gesetz: „Ein Mensch kann weder Engel noch Teufel sein. Er werde Edelmensch; mehr will ich nicht!"

Die Doppelbewegung des Sitarasternes um sich selbst und um die Sonne spiegelt sich im Leben seiner Bewohner. In Dschinnistan wandelt jedermann um die strahlende Sonne der Liebe. In Ardistan aber bewegt sich jeder nur immer um sich selbst, um sein eigenes Ich und um seinen eigenen Nutzen. Aber in allen Herzen liegt doch tief verborgen der gottgewollte Trieb, aus Ardistan hinauf nach Dschinnistan zu kommen, also aus einem Untermensch ein Obermensch, ein Edelmensch zu werden. Wäre nur nicht der schwere Leidensweg über Märdistan und durch die Geisterschmiede! Die wirklich starken ringen sich ja trotz alledem zur Höhe empor; sie überstehen die Qual; sie werden geläutert. Die vermeintlich Starken aber kommen in der Schmiede um. Sie halten die Qual nicht aus und werden darum von dem Schmiede, dem Schmerz, in den Brack und Plunder geworfen. Die unzähligen Schwachen beben überhaupt vor Märdistan und der Geisterschmiede zurück. Sie töten in ihrem Innern die Sehnsucht, sich emporzu- arbeiten, und gewöhnen sich daran, in der Niedrigkeit von Ardistan zu bleiben.

Da tritt Marah Durimeh, die Herrscherin, die Menschheitsseele, aus ihrer Verborgenheit hervor und fragt:

„Sollen diese Armen verloren sein für immer und für ewig? Wozu verlieh ich den Starken die Kraft, als um die Schwachen zu stützen? Ich rufe diese Frage über ganz Sitara aus und über die ganze Erde. Ich nenne sie „Menschheitsfrage". Denkt nach über sie, ihr Sterblichen; denkt nach! Und wer nach ihrer Beantwortung strebt, der nahe sich mir: ich heiße ihn willkommen."

– –

Das ist das M ä r c h e n v o n S i t a r a. Das ist die M e n s c h h e i t s s e e l e. Und das ist die M e n s c h h e i t s f r a g e, Sitara ist die Erde, doch nicht mit den Augen der Geographie, sondern mit den Augen des Märchens gesehen. Aber die große innere Wahrheit dieses Märchens kann von keiner geographischen Wirk- lichkeit jemals übertroffen werden. Die ethische Einteilung des Menschenreiches in Ardistan, Märdistan und Dschinnistan ist unbestreitbar richtig. Jedes Land, jedes Volk, überhaupt jedes Gesamt- und jedes Einzelwesen besitzt sein Hoch- land und sein Tiefland in sich selbst. Jeder Mensch hat aus seinem niedrigen Ardistan nach seinem hohen Dschinnistan emporzusteigen und trägt in der Tiefe seines Herzens die Schmiede von Kulub, in deren Qual er gehämmert und geläutert wird, um Edelmensch zu werden.

Genau dasselbe ist mit der Menschheit im allgemeinen der Fall. Die Geschichte ihrer Entwicklung beginnt tief unten in Ardistan, führt auf dem Leidensweg über Märdistan und die Geisterschmiede empor und soll hoch oben in Dschinnistan ihren glücklichen Abschluß finden. Hierbei tritt die große Menschheitsfrage, was aus den Schwachen werden soll, die aus eigener Kraft nicht steigen können, immer deutlicher und immer aktueller hervor. Bekanntlich hat Karl May dieser Lösung der Menschheitsfrage seine ganze schriftstellerische Tätigkeit gewidmet. Alles, was er bisher geschrieben hat, ist darauf gerichtet, diese Frage zu beantworten. Er hat sogar noch mehr getan: Er hat ihr seine ganze Persönlichkeit, sein eigenes „Ich" zur Verfügung gestellt. Er hat es ihr zuliebe gewagt, Ich-Erzählungen zu schreiben, ohne aber mit diesem „Ich" sich selbst, sondern eben nur diese Menschheitsfrage zu meinen. Er hat das Ideal seiner „Edelmenschen" in diesem „Ich" verkörpert, ohne sich zu fürchten und ohne auf den Hohn und Spott jener „Untermenschen" zu achten, die eine so opferwillige

Kühnheit weder ethisch noch literarisch begreifen können. Der Leser seiner Bücher soll vor allen Dingen die Wahrheit des „Märchens von Sitara" erkennen lernen. Er soll lernen, sich nicht mehr nur allein um sich selbst zu drehen, sondern emporzusteigen zur großen Rotation um die Sonne der Liebe. Der Leser soll hoch denken lernen und ein Edelmensch werden, noch ehe er nach Märdistan kommt und die Geisterschmiede erreicht. Dann bleibt ihm die Qual der Schmiede erspart.

Das ist die Lösung der Menschheitsfrage, wie Karl May sie sich denkt. Er führte in seinem Vortrage die Möglichkeit, ja, die Leichtigkeit dieser Lösung des weiteren aus und gab sich der Hoffnung hin, daß diejenigen, die seine Art und Weise jetzt noch nicht begreifen, doch endlich wohl zur besseren Einsicht kommen und ihn nicht mehr bekämpfen, sondern u n t e r s t ü t z e n werden.

Bis zum Schlusse seines fast zweistündigen, mitunter von einem goldenen Humor durchleuchteten Vortrages bewahrte sich die dankbare Zuhörerschaft das gespannteste Interesse. Ein natürliches, unbeabsichtigtes Mienenspiel unterstützte die wuchtig vorgetragene „Laienpredigt" – so möchte ich den Vortrag nennen –, von der ein Gottvertrauen, eine tiefinnige Gläubigkeit ausstrahlte, die ihre grandiose Wirkung auf die in atemloser Spannung lauschende Menge nicht verfehlte. Ein wertvoller Riesenlorbeer und Blumensträuße und von Herzen kommender, stürmischer Beifall lohnten den gefeierten Mann.

Bemerkt sei noch, daß der Männergesangverein Concordia unter Leitung des Herrn Chordirektors L u t z das von Karl May gedichtete und komponierte „Ave Maria" und die „Weihnachtsglocken" von Schwartz wirkungsvoll zum Vortrag brachte. Heute sei sein „Ave Maria" nicht nur gesungen, sondern mit der S e e l e gesungen worden. Man hörte heraus, so sprach May, daß die wackeren Sänger begriffen haben, was er in seinem Gedichte sagen wollte. Dieses Lob ist wohl das höchste, das man der Concordia für ihr Entgegenkommen spenden konnte.

Dem kath. kaufm. Verein „ L ä t i t i a " gebührt aller Dank für den auserwählten Genuß, der den zahlreichen Augsburger Karl May-Freunden durch das Hieherkommen des gefeierten Schriftstellers bereitet wurde.

Der Mittelteil, beginnend mit „*Wenn man von der Erde aus . . .*" und endend mit „*. . . unterstützen werden.*" entspricht im großen und ganzen wortgetreu der zweiten Handschrift Mays, die der Dichter also wohl eigens für den Zweck einer Presseveröffentlichung schuf. Die gedruckte Fassung unterscheidet sich vom handschriftlichen Original hinsichtlich der neuen Rechtschreibung und der Zeichensetzung sowie in einigen Passagen, welche vermutlich weniger redaktionelle Änderungen, sondern vielmehr Irrtümer bzw. Fehler des Setzers sind. So steht auf S. 2 der Handschrift korrekt „*hoch über beiden aber thront Marah Durimeh, die herrliche Menschheitsseele*", in der Zeitungs-Wiedergabe jedoch „*. . . tront . . . Dürimeh . . . Menschenseele*"; kurz davor wurde aus „*Deines Nächsten*" der Plural „Deiner Nächsten". Auf S. 4 steht in Zeile 3 des letzten Absatzes „*selbstverständlich*"; dieses Wort fehlt im Zeitungstext. Unmittelbar danach wurde zweimal aus „*Auge*" die Mehrzahl „Augen", und aus dem Wort „*trägt*" (S. 5, Zeile 2) machte man „besitzt", wohl wegen des abermaligen „*trägt*" in Zeile 5. Beim Schluß des von Karl May stammenden Textteils gibt es geringfügige und belanglose Verkürzungen; so steht am Ende des oberen Absatzes von S. 6 statt „*Qualen*" die Einzahl „Qual".

Erinnerungen von Klara May

In ihrem Tagebuch hat Klara May nicht alle Reisen angeführt, welche Karl May unternahm. So fehlt z. B. jeglicher Hinweis auf wenigstens einen Aufenthalt in Augsburg, den es bereits 1907 gegeben haben muß. Ausführlich berichtet Klara May jedoch für Ende 1909 über die gemeinsame Reise nach Augsburg und Karl Mays Vortrag zum Thema „Sitara". Hier als Abschluß der betreffende Text in zeichengetreuer Wiedergabe der Notizen.

7 December nach Augsburg. Am 8$^{\underline{ten}}$ Vortrag im Schiessgrabensaal zuerst Karls „Ave Maria" von 60 Männern gesungen in meisterhafter Einstudierung. Dann sein Vortrag „Sitara" das Land der Menschheitsseele ein orientalisches Märchen.

Der Empfang im Saal war unbeschreiblich. Es verging sicher eine viertel, oder halbe Stunde, bevor er anfangen konnte. Freude und Rührung kämpften in seinem lieben, feinen Zügen. Immer wieder: „Hoch, hoch, unser Karl May. Er dankte mit seinen blumenbepackten Händen immer und immer wieder. Endlich konnte er beginnen. Aller Augen hingen an ihm. Er vermag die Seelen an sich zu binden, wie ich es bei keinem Künstler je gesehen. Nie sah ich aber auch einen Menschen so bejubelt, wie ihn. Tausende von Menschen waren da. Der Saal hatte nicht ausgereicht, man hatte noch die anschließenden Räume öffnen müssen und so fanden noch viele Platz, für die es keine Eintrittskarte mehr gegeben hatte. Nach dem Vortrag nahm es noch lange kein Ende. Der liebe Mann war aber so glücklich über die ihm gewordene reiche Liebe, daß er keine Ermüdung spürte. Ein herrlicher Lorbeerkranz war ihm geworden, so schön, wie ich nie einen gesehen habe. Er ist dort photographiert worden, ich muß sehen, eine Aufnahme zu erhalten. Schleifen und Bänder u Zweige von ihm habe ich hier. Programm etc. habe ich hier im Couvert. (Siehe Bericht hierüber aus der „Postzeitung").

Es war unmöglich gleich wieder fort zu kommen. Freunde waren von München zu uns gekommen. Einsles, Heides, Fehsenfelds etc. Innige Bitten ergingen an Karl die Schülerinnen der Englischen Fräulein zu besuchen, ich glaube 1000, denen es nicht vergönnt war den Vortrag zu besuchen und die Alle mit inniger Liebe an ihm hingen. Schweren Herzens sagte er zu, er wußte von früher her was folgte.

Der Jubel war wie am Abend zuvor. Feierlich, wie ein König wurde er begrüßt. In aller Eile hatten die Damen ein Gedicht für ihn gemacht, eine besonders befähigte Schülerin trug es vor. Es lautet:

> „Dem Freunde des edlen Winnetou, unserem Karl May
> Es liegt eine Stadt an des Leches Strand,
> Augusta Vindelicorum genannt.
> Zur Römerzeit schon war sie gebaut.
>
> Da waren die reichen Fugger zu haus,
> Der letzte Ritter ging ein und aus;
> Gelehrte und Künstler und Dichter auch,
> Sie fürstlich zu ehren war allezeit Brauch.
>
> Hier hat Titian Karl den Fünften gemalt,
> Auf Leinwand gebannt uns des Herrschers Gestalt;
> Der alte Holbein und Meister Holl,
> Sie schufen Werke der Schönheit voll.

Und heute birgt Augsburg als Ehrengast
Einen Mann, der sich mühte ohn' Ruh' und Rast:
Karl May, der mit feuriger Geisteskraft
Und wuchtigem Griffel die Bilder schafft
Vom wilden Westen vom heißen Süd
Wo die Lotosblume und Palme blüht.

Ihn grüßen wir Alle mit Herz und Mund
Und wünschen ihm Segen zu jeder Stund'
Daß blühe und reife, was stets er gesucht:
Der wahren Liebe goldene Frucht!

Und nun unser Karl May er lebe hoch, hoch, hoch!

Der Jubel wollte kein Ende nehmen. Karl sprach unendlich lieb seinen Dank aus und ließ ein ganz klein Wenig in sein großes, reiches Innere schauen. Kein Auge blieb ohne Tränen. Das Fortkommen war bei dieser Gelegenheit, wie immer, schwer. Das Hochrufen nahm kein Ende. Alle Fenster bis zu den Dachluken waren voller Menschen, der Wagen konnte in den Straßen nur Schritt fahren. Dann wurde er fast zerrissen.

Er erhielt eine schöne Ehrengabe 70 große Ansichten der Stadt Augsburg.

Es waren reiche, schöne Stunden. Die Liebe erdrückte den Guten fast.

Schwer war es aber auch. Wir baten unsere Freunde vor uns abzureisen und uns <u>allein</u> zur Bahn zu lassen. Mein Herzle haßt das nicht enden wollende Abschied nehmen, da kann er böse werden, wenn er auf der Bahn nicht in Ruhe gelassen wird. Er setzte es durch. Mit Blumen beladen fuhren wir am 9ten noch nach München. Hotel Leinfelder.

Anschließend berichtet Klara May in ihrem Tagebuch ausführlich über den Münchner Aufenthalt, der von einer großen Audienz am Königlichen Hofe geprägt war. Karl May hatte schon wiederholt Kontakt mit der Familie der Wittelsbacher gepflogen und mit einigen ihrer Mitglieder Briefwechsel geführt.

Doch bald nach der Abreise aus München schlägt die im Tagebuch zum Ausdruck gebrachte Hochstimmung jäh um. Klara May schreibt: „Leider hatte der enorme Erfolg doch wieder traurige Folgen. Die Bestie in Menschengestalt begann von neuem ihren Mordplan auszuführen. Trauriger Abschluß des schönen Jahres. Viel, viel Freude und ebensoviel Leid."

Diese Bemerkungen beziehen sich in erster Linie auf den Artikel, den Karl Mays Hauptgegner Rudolf Lebius am Sonntag, den 19. Dezember 1909 in seiner Berliner Zeitschrift „DER BUND" gegen Karl May veröffentlichte und worin der Dichter in kaum mehr zu überbietender Weise mit Verleumdungen aller Art überschüttet wurde. Die abgefeimte Lügengeschichte vom „Räuberhauptmann Carl May" samt einer Menge frei erfundener Einzelheiten sollte den Ruf des Dichters zerstören. Die Zuversicht Karl Mays, die sich aus dem Text seiner Briefe ablesen läßt, brach fast gänzlich zusammen, als Lebius gar noch am 12. April 1910 vom Gericht in Berlin-Charlottenburg einen Freispruch entgegennehmen konnte. Erst im Dezember 1911 sollte Karl May obsiegen, aber seine früher so rüstige Natur war aufs schwerste angeschlagen, und wenige Wochen später ereilte ihn am 30. März 1912 in Radebeul der Tod. Er hatte Märdistan mit seiner Geister-schmiede durchschritten und Dschinnistan erreicht...

28. —

Vortragsfolge:

„Ave Maria', Lied, gedichtet und komponiert von
Dr. Karl May. Männerchor, gesungen v. Männergesangverein „Concordia'.

Es will das Licht des Tages scheiden; es tritt die stille Nacht herein.
Ach könnte doch des Herzens Leiden so wie der Tag vergangen
sein!
Ich leg' mein Flehen dir zu Füßen; o trag's empor zu Gottes
Thron,
Und laß, Madonna, laß dich grüßen mit des Gebetes frommem
Ton.
Ave Maria!

Es will das Licht des Glaubens scheiden; es tritt des Zweifels
Nacht herein.
Das Gottvertrau'n der Jugendzeiten, es soll mir abgestohlen sein.
Erhalt', Madonna, mir im Alter der Kindheit frohe Zuversicht;
Schütz' meine Harfe, meinen Psalter; du bist mein Heil, du bist
mein Licht!
Ave Maria!

Es will das Licht des Lebens scheiden; es tritt des Todes Nacht
herein.
Die Seele will die Schwingen breiten, es muß, es muß gestorben
sein.
Madonna, ach, in deine Hände leg' ich mein letztes heißes Fleh'n:
Erbitte mir ein gläubig' Ende und dann ein selig Aufersteh'n!
Ave Maria!

Vortrag des Herrn Dr. Karl May:

Thema:

„Sitara, das Land der Menschheitsseele'.

(Ein orientalisches Märchen.)

„Weihnachtsglocken' (Der schönste Klang) von
Jos. Schwartz. Männerchor, gesungen v. Männergesangverein „Concordia'.

Von all' den tausend Klängen hat keiner solche Macht,
Als wie der Klang der Glocke in heil'ger Weihenacht.

Die Erde schläft in Frieden still unter Eis und Schnee,
Da dröhnt die erz'ne Stimme gewaltig aus der Höh'.

Und wie von Engelschören klingt's über Wald und Feld:
Dein Heiland ist geboren, nun freue dich, o Welt!

Haas & Grabherr, Augsburg.